“互联网+”时代大学生创新教育与人才培养研究

刘海涛◎著

吉林出版集团股份有限公司
全国百佳图书出版单位

图书在版编目（CIP）数据

“互联网 +”时代大学生创新教育与人才培养研究 / 刘海涛著 . -- 长春 : 吉林出版集团股份有限公司 , 2023.5

ISBN 978-7-5731-3581-0

Ⅰ . ①互… Ⅱ . ①刘… Ⅲ . ①大学生－创造教育－研究②大学生－人才培养－研究 Ⅳ . ① G640

中国国家版本馆 CIP 数据核字（2023）第 104733 号

“互联网 +”时代大学生创新教育与人才培养研究

HULIANWANG+ SHIDAI DAXUESHENG CHUANGXIN JIAOYU YU RENCAI PEIYANG YANJIU

著　　者　刘海涛
责任编辑　息　望
封面设计　李　伟
开　　本　710mm × 1000mm　　1/16
字　　数　200 千
印　　张　12
版　　次　2024 年 1 月第 1 版
印　　次　2024 年 1 月第 1 次印刷
印　　刷　天津和萱印刷有限公司

出　　版　吉林出版集团股份有限公司
发　　行　吉林出版集团股份有限公司
地　　址　吉林省长春市福祉大路 5788 号
邮　　编　130000
电　　话　0431-81629968
邮　　箱　11915286@qq.com
书　　号　ISBN 978-7-5731-3581-0
定　　价　72.00 元

作者简介

刘海涛　男，毕业于东北林业大学机械工程专业，硕士，教授。研究方向为大学生思想政治教育。成果：出版专著3部，发表论文30余篇，主持教育部项目、黑龙江省社科基金项目等课题10余项，获得黑龙江省社会科学成果奖1项。

前 言

近年来，“互联网 +”的概念逐渐受到人们的重视。时代的进步推动了科技的发展，我国已经进入“互联网 +”时代。新兴技术的普及，对人们的生产、生活、学习都产生了巨大影响，对教育体系的发展也带来了一定的影响。当下，国家重视创新创业，大学生作为高素质人才主要群体，也是创新创业的主要力量。因此，高等教育需要顺应时代发展，关注创新创业教育新动态，积极探索大学生创新创业教育新模式。

2015 年，“互联网 +”这一概念在相关政府工作报告中被提出，并且，创新创业这一名词也被多次提及。对于高校教育从业者来说，在“互联网 +”背景下，如何构建符合“双创型”人才培养模式，成为主要的工作任务。全面促进大学生成长与发展，帮助大学生顺利就业创业，成为目前急需解决的问题。如何在“互联网 +”时代背景下推进创新创业教育发展、如何培养复合型人才、如何加强大学生创新创业能力、如何给各大高校大学生提供更多创新创业机会，已成为当前研究的重要课题。

本书在内容上总共分为五章，对“互联网 +”时代大学生创新教育与人才培养进行了深入的研究。第一章绪论部分分别介绍了“互联网 + 教育”的基本知识，机遇和挑战；第二章的主要内容为“互联网 +”时代创新教育的变化，具体介绍了教学模式的改变，教学技术的改变，教学原则的改变，教学理念的改变；第三章的主要内容为“互联网 +”时代创新方法和能力的培养，分别介绍了大学生创新能力的形成与原理，大学生创新能力的开发方法，大学生创新技巧的训练方法；第四章的主要内容为“互联网 +”时代创新人才培养，具体介绍了“互联网 +”时代大学生人才培养方式转变的必要性，“互联网 +”时代大学生人才的培养方式，“互联网 +”时代大学生人才的德育教育；第五章的主要内容为“互联网 +”时代的创新实践，分别介绍了大学生创新必须与创业相结合，创新成果的专利保护，“互联网 +”时代高校教育创新的展望。

在撰写本书的过程中，作者得到了许多专家学者的帮助和指导，参考了大量的学术文献，在此表示真诚的感谢。由于作者水平有限，书中难免会有疏漏之处，希望广大同行及时指正。

刘海涛

2023 年 1 月

目录

第一章　绪论……1

第一节　“互联网＋教育”的基本知识……3

第二节　机遇和挑战……15

第二章　“互联网+”时代创新教育的变化……21

第一节　教学模式的改变……23

第二节　教学技术的改变……28

第三节　教学原则的改变……37

第四节　教学理念的改变……44

第三章　“互联网+”时代创新方法和能力的培养……51

第一节　大学生创新能力的形成与原理……53

第二节　大学生创新能力的开发方法……70

第三节　大学生创新技巧的训练方法……93

第四章　“互联网+”时代创新人才培养……111

第一节　“互联网+”时代大学生人才培养方式转变的必要性……113

第二节　“互联网+”时代大学生人才的培养方式……131

第三节　“互联网+”时代大学生人才的德育教育……146

第五章 “互联网+”时代的创新实践……159
第一节 大学生创新必须与创业相结合……161
第二节 创新成果的专利保护……163
第三节 “互联网+”时代高校教育创新的展望……172

参考文献……181

第一章　绪论

本章主要介绍“互联网+教育”的基本知识以及面对的机遇和挑战。具体介绍了“互联网+教育”的核心及本质、“互联网+高校教育”的特性等。

第一节 “互联网＋教育”的基本知识

一、“互联网＋教育”的核心及本质

2015年6月14日在“中国互联网＋创新大会·河北峰会”上，该领域的主要专家和学者就“互联网＋教育”这一主题发表了自己的看法：“互联网＋”旨在为传统教育注入新的活力，而不是取代传统教育；由最开始的以书本为中心、以教材为中心、以辅导和案例为中心转变为现在的以学生为中心。中国工程院院士李京文也表示：“中国教育正在迈向4.0时代。”

随后，党的十八届五中全会提出了要实施“互联网＋”的行动计划，随之“互联网＋”便在社会的各个行业及领域掀起浪潮，同时也加快了行业的改革。教育是社会发展的一个基本领域，一直是社会变革的一个复杂而重要的节点。正因为如此，“互联网＋”引起了教育界的广泛关注，也成为教育改革和创新的焦点。

随着现代科技网络与教育的结合，教育行业实现了互联网化。互联网为教育变革带来了机遇，它的目的不是颠覆教育也不是颠覆学校体制，而是改变教学理念、模式与方法。混合式乃至融合式的教学时代已经到来，“互联网＋”引发的教育变革也随之蔓延，其带来的影响是不可估量的，更是史无前例的。“互联网＋”引发的教育变革也将是21世纪教育史上最伟大的创举之一。

基于此，我们认为，“互联网＋教育”的核心和本质就是基于信息技术，实现教育内容的持续更新、教学模式的不断优化、学习方式的持续转变以及教育评价的日益多元。

（一）教育内容的持续更新

“互联网＋课程”不仅出现了在线课程，也带来了课程组织和内容的变化。互联网上众多资源的存在，使高等院校不同学科的授课内容得以延伸和更新，让更多适合大学生的前沿知识及时进入课堂，成为大学生的精神食粮，让授课内容的艺术性和生活性变成现实。在互联网的帮助下，学生获得丰富的知识也更加便捷，更有可能出现青出于蓝而胜于蓝的现象。在互联网的影响下，除了对必修课程的创新，各类选修课程的开发与应用也变得越来越丰富，越来越多的学校也能更多地开设特色选修课程，这使得以前的想象变成了现实。

（二）教学模式的不断优化

“互联网＋教学”的发展带来了许多全新的概念，如网络教学平台、网络教学系统、网络教学资源、网络教学软件、网络教学视频等，这不仅改变了传统的课堂教学方式，而且有助于教师形成先进的教学理念，提高教学技能。互联网技术支持的使以先学后教为特征的“翻转课堂”真正成为现实。同时，互联网完全消除了课堂上的时间和空间限制，学生可以随时与同学、教师进行交流，并且没有任何限制。在互联网的时代中，教师的主导作用得到最大限度的发挥，教师可以通过移动设备向学生提供即时指导和帮助，同时，教师更多的是提供各种丰富的资源链接，激发兴趣，引导学生思考。因为通过互联网可以将教学遍布任何想要达到的地方，也可以与其他远在千里的各行业专家达人进行即时聊天，所以教师的课堂教学也变得方便，教学手段也更加丰富多彩。不难想象，如果学生能在课堂上获得他们想要的知识，见到他们崇拜的人，并通过图像和声音解开他们的问题，他们的热爱和热情将得到前所未有的增长。

（三）学习方式的持续转变

如今“互联网＋学习”创造了移动学习，它不是作为可以不受任何限制而学习的方式存在的概念，而是代表着学生学习行为方式与观念的转变。通过互联网，学生学习的主动性得到加强，学生可以在互联网世界里发现学习的必要性和价值，发现更加有效的学习方法，发现各种可以解惑的答案。移动学习之所以在高校中未能得到真正的应用和推广，是因为它受到了各种因素的限制。然而，随着互联网的发展，这些问题现在已经得到了解决。在今天的互联网时代，学生可以很容易地观察到他们研究对象的各个方面和观点，对陌生群体进行调查，甚至可以虚拟进行科学实验。当互联网技术成为学习者手中的强大工具时，他们就能确立自己的主体地位，克服学习过程中的被动性，自主学习就可以从口号变成行动。学生大多都能利用互联网去探索知识、发现问题、寻找解决问题的途径。“互联网＋学习”对于教师的影响也很大，基于互联网技术的发展，教师远程培训由此兴起，教师终身学习理念也得以实现，大多数使用互联网的教师意识到，他们曾经拥有的知识正在以惊人的速度老化，并且真正理解“弟子不必不如师，师不必贤于弟子”的道理。互联网使得教师的教学技能、态度、学习方法得到改变。他们与学生平等对话，成为合作伙伴，从而一起进行探究式学习。

（四）教育评价的日益多元

“互联网＋评价”已经成为现代教育领域课堂管理的重要工具。通过网络平台，学生可以对教师的教育水平进行评价，教师可以通过网络渠道对行政部门进行评价，行政部门可以利用网络大数据，分别对各个学校和教师的教学活动进行及时的评价和监控，使每个学校和教师都能得到积极的发展。也就是说，在“互联网＋”时代，教育领域的人既是评价的主体，也是评价的对象，而社会各阶层通过网络介入对教育进行评价。此外，“互联网＋评价”不仅改变了评价方式，也更大地改变了评价的内容或标准。在“互联网＋”时代，教师组织和整合信息的能力、教师教育教学研究结果的转化率以及他们通过互联网分享他们积累的经验的程度，这些都将是教师评价的重要指标。

总的来说，随着“互联网＋”被纳入国家战略的顶层设计，“互联网＋”时代正式到来，教育工作者只有顺应时代潮流的发展，不断地进行学习和创造，才能走向新的境界和新的高度。

二、“互联网＋高校教育”的特性

高等教育的本质决定了它与其他教育的不同。关于高等教育本质的研究目前尚未有定论。作为社会活动存在的高等教育，与其他社会活动具有相同的联系与属性。然而，作为教育的一个组成部分，"互联网 + 高校教育"具有教育的基本属性，更具体地说，高校教育是培养各种专业技能人才的专门活动。但归根到底，高校无法改变高等教育育人的任务，也离不开"人"的活动和"人"的培养。那么在"互联网 +"时代，高校教育的特性是什么呢？

"互联网 + 高校教育"是以定制化教学趋势为特征的。"互联网 +"是互联网时代中一种全新的社会发展形态，也对高校教学产生了影响，这为传统路径下的高校教育改革提供了颠覆性的创新机会。定制作为一种与互联网时代相适应的生产方式，本质是关注每个人的需求，这一理念也应该是当前高校教学改革的方向和必经之路。高等教育与基础教育不同，它注重每个学生的发展和需求。因此，"互联网 + 高校"的定制化教学与高等教学有着密切的联系。

一方面，在"互联网 +"的背景下，高校定制化教学是以现代科技为基础的，包括物联网、人工智能、大数据技术、安全储存、量化自我、云计算、学习分析技术及脑科学等，通过一种在线技术为学习者提供定制的学习形式和个性化的内容的新教学模式，在这种教学模式下，学习者可以感觉到他们的成长和发展，能更加明确自己的方向。另一方面，定制化教学并不是要放弃或取代传统的教学模式，也不可能取代传统的教学模式。定制化教学是对现有培训模式的一种补充和支持。现代信息技术可以通过了解学生的个体特征，实施个性化的教学计划，提高教师的智慧，使教师能够提供更科学、更有针对性的学习活动和练习，从而有效提高学生的参与度和教学效果。这种教学模式与原有模式的结合形成了"互联网 +"背景下的新教学模式，"互联网 +"背景下的高校定制化教学是以学习者的兴趣、个性化倾向、认知、思维、能力结构等为教学设计和教学活动的出发点。因此，定制化教学可以针对每个学习者的具体情况在一定程度上提高学习的积极性、主动性、学习动机和自我效能感。同时，定制化教学能够及时关注学习者的能力倾向，为每位学习者提供适合自身的发展路径和教学目标，这将有利于培养学习者的个体能力，包括创新能力、发现和理解问题的能力等。也可以从学习者、学习资源、教师、政策保障等方面对“互联网 + 高校教育”特性加以分析。

（一）教育资源层面

1. 丰富优质的教育资源提供了内容保障

在互联网时代，高校教学的一个突出特征同时也是变化最明显的特征就是教育教学资源的极大丰富。例如，慕课、私播客、公开课、精品资源共享课、微课、在线学习平台、网络资源等教育资源的出现为高校改革带来了便利共享、丰富多样、各有特色的资源，也正是因为这些优质资源的存在为“互联网 +”提供了基础与保障。

不同特点的教育资源有不同的适用范围：慕课提供了大规模丰富多样的在线课程资源，这为学习者提供了广泛的交流互动平台；私播课作为小型的在线课程提供的是更集中的学习资源，这更有利于与传统学习相结合；微课的特点是“短、小、精、悍”，是一种针对特定教学要点的资源，使学习者能够有针对性地学习教学要点。多种多样的教学资源为学习者的个人特点调整教学提供了可能。同时也为定制化教学的开展提供了课程资源保障及内容保障。

资源的生成速度在互联网时代也越来越快。学习者可以不需要别人的指导就能在学习平台上自发地分享交流自己的资源。在教学活动中，世界各地的学习者都在分享自己的学习资源，因此可以想象这些资源产生的速度。同时，由于学习者的文化背景、教育背景和学习进度的不同，也产生了多样化的资源，这不仅丰富了教学资源的形式，同时也对学习者的能力和学习效果提出了更高的要求。

2. 高校对教育资源的占有

正是因为有了移动互联网络的发展与普及才有了丰富的教育资源，在线学习平台和网络平台的发展为整合丰富的教育资源提供了途径。慕课、私播课、公开课、精品资源共享课等优质教育资源本质上是国内外各知名高校开发的课程，在附加了辅助教育资源后才将资源开放共享的，由此也形成了既有特色又有质量保证的教学资源。同时这些教育资源大多是由高校教师和在校生使用的，教师将其作为自我提高的途径和教学的补充资源，而学习者则将其作为传统高校教育的辅助和补充。此外，关于慕课、私播课、精品资源共享课、公开课、微课、在线教学平台等资源的相关研究大都集中在具有前瞻性与指导意义的高校上。"互联网 +"时代的数字化学习资源、网络学习资源的开发、利用与研究等都与高校有密切关系，因此，高校拥有优质资源，且可以更有效、更方便地获取这些资源，可以大规模地探索优质资源的不同用途，确保丰富的优质资源得到合理、充分的利用，这为高校开展基于技术定制化学习提供了可行性。

（二）学习者层面

1. 互联网时代学习者特征

互联网时代的学习者是在网络环境中成长起来的，所以他们更熟悉计算机技术与网络技术，因而他们也具备较好的实践能力与信息素养。然而，"互联网 +"时代信息快速的增长，使学习者在生活中被信息包围，这不仅为他们提供了丰富的资源，也带来了巨大的认知负荷和学习压力，这也要求他们不断提高信息素养能力，以适应"互联网 +"时代变化对他们提出的新要求。"互联网 +"时代的学习者对技术、互联网和信息非常感兴趣，渴望参与到新的前沿发展中。他们愿意并有能力获得更好的资源，也愿意与外界网络环境进行密集的互动。"互联网 +"环境下的学习活动已经成为当今学习者的学习模式，因此，他们可以很好适应"互联网 +"背景下的高校定制化教学，也更喜欢这种注重个体特征的教学方式。

2. 学习者对新型教学方式的需求

学习者本身可以获得丰富的教育资源，并能主动接受和学习，因此学习者需要更加能体现个性化和具有针对性的新教学方式。"互联网 + 高校"定制化教学的关键是关注每个学习者的特点，通过对学习者的具体情况进行分析教学，这将有助于调动学生的积极性，提高教学效率，满足学生对技术学习新方式的期望和需求。

（三）教师层面

1. 新型教育理念的树立

在高校中开展的不同类型技术的高校教学改革的理论研究和实践探索，为“互联网＋高校”定制化教学提供了理论基础，而这些实践探索和研究为高校提供了案例参考和适用性。通过不断深入的理论研究和教学改革实践，教师也在积极更新教学理念，将新的教学方法纳入现行教学体系中。如在课程教学中运用微博、QQ等社交媒体，在社群交互中以深度交互为核心开展教学；应用在线学习平台，如学习平台，用于教学课程，并用于发展以学习者为中心的探究性协作教学；慕课和精品资源共享课程等资源被用在课堂上，作为丰富内容的一种方式。所有这些都反映了高校教师对新的教学方法的积极采用和探索，这促进了高等教育中个性化教学的研究和发展。

2. 教师价值的重现

教师最重要的价值是帮助学习者创造智慧，塑造性格，培养能力，而不局限于教授知识。虽然“互联网＋”的高校定制化教学将教学设计的决策权交还给了学习者，但也增加了教师的责任。首先，学习者往往对自己的个体特征没有清晰的认识。通过大数据、学习分析、定量自学和其他相关技术，学习者可以深入了解自身的情况，但他们没有能力来为自己做出最佳决定。其次，教师根据大量数据了解学习者的情况和具体特点，根据自己对内容的理解和多年学习的智慧，为学习者提供决策指导和学习管理指导，帮助学习者做出适当的选择。最后，通过定制化教学实现课程与资源的整合，为教师提供了更多的学习机会，因此教师在定制化教学中有着重要的作用，教师也能在人生启迪中充分体现自己的重要价值，教师对定制化教学的认识和尝试将是“互联网＋”定制化教学发展的积极因素，也能为开展定制化教学提供师资力量的保障。

（四）政策保障

2015年7月，国务院发布了《国务院关于积极推进“互联网＋”行动的指导意见》，鼓励互联网企业与社会教育机构根据市场需求开发数字教育资源，提供网络化教育服务。鼓励学校利用数字教育资源及教育服务平台，逐步探索网络化教育新模式，扩大优质教育资源覆盖面，促进教育公平。鼓励学校通过与互联网企业合作等方式，对接线上线下教育资源，探索基础教育、职业教育等教育公共服务提供新方式。推动开展学历教育在线课程资源共享，推广大规模在线开放课程等网络学习模式，探索建立网络学习学分认定与学分转换等制度，加快推动高等教育服务模式变革。高校教学模式在“互联网 +”时代可以有更大范围的改革创新，这不仅可以在教育领域内考虑教学模式的改革，还可以参考其他行业领域的改革创新教学模式。将生产制造业的“定制化”应用于高校教学，利用互联网收集学习者的需求和特征，修改和整合基于信息化教学设计的关键环节，可以深入挖掘学习者的个体发展需求，根据学习者的个体特征定制教学设计，创新高校的教育方式。《清华大学综合改革方案》《北京大学综合改革方案》《上海交通大学综合改革方案》分别获得国家教育体制改革领导小组办公室批准，并将投入实施，同时也标志着高校教学改革的全面展开。教学改革包括专业改革、学科改革、课程改革、招生改革和资源配置改革等诸多方面。“互联网 + 高校”定制化教学将学生个体的幸福、发展和成长作为教学的最终目标，并将改变传统的教学方法。

三、“互联网 +”时代特点高等教育

如今，我们已经进入了一个科学技术无处不在的时代，网络技术也正在改变着高校的教育方式。

“互联网 +”时代对中国甚至全世界的教育都产生了十分重要的影响，最为显著的地方就在于教学。“互联网 + 教学”迎合了未来社会创新型人才的需求，它不仅重构了高校课堂的基本结构和流程，更重要的是它以互联网技术为支撑，建构教学新形态。以学生为核心，尊重学生的主体地位，充分激发学生学习的主动性，促进学习，并构建基于学生自身原有知识结构的认知体系，形成正确的、独立的思维方式，从而达到“全面发展、和谐发展、自

由发展”的教育目的。教学理念作为“人们对教学现象的看法、认识或思想”指导着整个教学活动的全过程，对教学模式的选择、教学方法的确定、教学目标的设计、教学内容的实施、教学评价的反馈有着重要作用，在诸多过程中，需将“互联网+”思维纳入整体的教学思考中，并融会贯通。

（一）尊重老师和学生的主体地位，突出师生的个人价值

“互联网+教育”时代新的教育思潮此起彼伏，“以学生为中心”“以老师为主导、学生为主体”的教学理念体现了老师和学生作为“学习共同体”的共同价值及各自价值。每一个个体都有自己的专长、积淀、经验、智慧、资源和关系；每位老师都有自己独特的人格魅力，与他人不同的教学风格，老师在课堂教学中充分彰显个人独特的、与众不同的精神世界，学生才能在课堂中感受不同老师的不同魅力与风格。在知识的传递过程中，独特的老师总是能让学生印象深刻，特别是在专业领域表现突出的，老师独特的性格与学习内容相融合产生独特的思维，让学生有耳目一新的感觉，引起学生的好奇心和关注度，能够提升学生的兴趣，有助于学生接收新的知识内容，产生更为深刻的记忆，同时也提升了学生的主体地位，满足学生在学习过程中的主体需求。

在基于信息技术支持的课堂教学中，老师和学生特别容易将精力和注意力转移到教学工具上，往往忽视了教学内容、方法、策略、资源等要素本身。要剥开层层外在的表象，看到老师授课内在的独特性，以及不同学生个体的差异，包括学习方式、方法等方面的差异、原有认识结构的差异、对新事物接受速度的差异、自身理解能力的差异以及学习态度、学习动力、学习持久性方面的差异。尊重学生的主体地位更多的是需要了解学生个体的不同，在做课程设计之时将诸多差异纳入教学思考的范畴，通过技术手段尽量缩小差异，让每一位参与学习的学生都能基于自己原有的知识经验和认知能力改善原有的知识体系和思维体系。在这一过程中充分体现了学生学习的主动性，而不再是被动接受知识信息的状态。

正是因为“互联网 + 教育”环境下对学校教育、教师教学及学生素养有了新的、更高的定义及要求，所以教育单凭高校或老师个体长期积累的经验无法承担起社会责任，网络的发展、大数据分析让个性化教学得以实施，通过大数据分析，老师可以精准地获取学生最为个性化的学习数据，掌握每个学生的学习过程、学习时间、学习行为等学情，有较为可靠的信息。课前的学情分析和教学设计，课后可以有针对性地推送信息、个性化作业布置及个别化辅导，老师都可以根据大数据分析进行，从而提高教学效率，还可以通过大数据分析获得从课前预习到课后复习的实时数据记录，使老师的教学评价不再经验化，对学生的评价由生成性评价变成过程性评价，更加真实客观。

（二）培养学生的关键能力

在第四届基础教育改革与发展论坛中，专家们提出在学科教学中培养学生的“核心素养”，由此引发高校思考在“互联网 +”时代要培养具备什么样能力的学生，归根结底是社会需求层面对未来人才的知识结构、知识能力提出的新的要求。这也要求未来高校培养的学生在步入社会的时候能够运用所具备的知识能力去有效地解决他们所面对的一系列复杂的问题，与此相关的“关键能力”（Key Competence），也就是个人实现自我、终身发展融入主流社会和充分就业所需的知识、技能及态度的集合。关键能力的内涵因时代不同而大同小异，关键能力即是在未来社会中，作为个体应该具备的那些能力，个体通过自身所拥有的这些能力在未来社会中实现人生的成功。在“互联网 +”时代关键能力又被赋予了新的内涵。瑞琴和塞尔加尼克（Rychen & Salganik）在 2003 年项目研究中指出个体通过自主行动（Acting Autonomously）、互动使用工具（Using Tools Interactively）、与异质团队互动（Interacting in Socially Heterogeneous Groups）三个维度指向社会各个领域的八个方面的能力：母语交际能力、外语交流能力、数学和科技能力、数字化能力、学会学习能力、人际交往和履行公民职责能力、创业能力及文化表达能力。关键能力是创造“美好生活必需能力”，是“能够最大限度地使个人在生活中利用自己的工作和空闲时间的能力”。处于“互联网 +”时代的学生需要具有适应终身学习和社会发展必备的品格和关键能力。

2016 年中国教育学会提出中国大学生应该具备的几大核心素养，即社会意识、知识能力、创新创造。老师在课堂教学中需要关注学生核心素养的形成。互联网时代也是学生个性张扬的时代，学生愿意在互联网上展示自我，但互联网特有的隐匿性容易造成网络暴力，因此老师应该注重培养学生的社会意识，无论举止还是言行都要严格自律，能做到对自己说的话负责、对自己做的事情负责。在课堂讨论中，老师要引导学生承担社会责任，用正确的社会意识参与社会活动，帮助学生树立正确的世界观和认知观，有国家认同感、历史使命感。学生的知识能力是适应未来社会终身发展的学习能力，“互联网 +”时代海量信息以爆炸方式呈现在人们面前，“互联网 + 教学”为老师的“教”和学生的“学”提供了更多方便快捷的方式，“互联网 + 教学”弥补了传统教学存在的一些局限性，拓宽了传统教学的范围，为学生的自主发展、自主学习提供了更多平台、更多机会和更多的可能性。但在海量信息扑面而来的环境下，不少人对网络产生了强烈的依赖感，信息搜索能力、筛选能力变成了“打字能力”，面对问题懒得去思考。“互联网 + 教学”为老师和学生提供了更多的知识信息，在强大的网络面前，老师和学生要学会独立思考，只有将知识不断内化于心，才能不至于迷失方向、丧失解决问题的基本能力。“互联网 +”时代将人类创新的要求提到前所未有的高度，鼓励老师进行教育教学改革、课堂教学创新，鼓励学生创新创业。创新创造能力既对老师的教学能力提出挑战也对学生的学习能力提出要求。创新，要求老师和学生都跳出固有的思维定式，站在原有知识结构的最高处，拓展思维、调动智慧并充分利用网络资源整合原有知识和现有体系，提升老师和学生的批判性和创新的勇气，将新理念融入教学与学习中，培养学生可持续发展的关键能力。

（三）形成“互联网 + 教学”新方法

“互联网 +”时代，生活方式和学习方式的变化带动着人们思维的改变，这种新思维和新技术强有力地推动着教育理念与教学实施的变化，人类的教育向个性化学习、终身化发展转变，进一步加快了教学与学习方法创新的步伐。伴随着互联网技术对人类学习的推动，创新教学展现了它规模化、连通性、反馈性、具体化和个性化的特征，帮助学生实现随时随地不受时间和空间限制的学习。无论什么时代，"教"与"学"的关系都是密切不可分割的，学生的学习需要在老师的指导下进行，因此老师指导学生深度学习所采用的教学方法尤为重要。教学方法在"互联网 + 教育"环境下不断地进步，根据学生学习特征变化而发展，更关注现代学生的学习特点，迎合他们的学习需求。在"互联网 + 教育"新思维的影响下，教学方法和学习方式的创新已经成为国内教育教学改革研究的重要课题。互联网技术的发展为全球学习者提供了良好的平台，大大增加了受教育者的人数。越来越多的在线平台、网络课程及网络资源让全世界的学生可以选择需要的课程来学习，不仅增加了学生学习资源，更进一步促进了教育的公平化发展，即便身处偏远地区，师资力量薄弱学校的学生也可以通过网络平台享受到全球顶尖学校的教学资源，实现优质教学资源共享。如全球最大网络课程联盟 Coursera、中国教育在线开放资源平台、中国大学慕课（爱课程）等在线课程拓展了学校教育的部分功能，让更多的学生得到自主学习的机会和丰富的学习体验。据统计，到 2019 年初，超过 2 亿人次在校大学生和社会学习者学习慕课，6500 万人次大学生获得慕课学分。继 2018 年教育部认定推出首批 490 门国家精品慕课后，2019 年教育部将继续认定推出 801 门国家级精品慕课。网络教学规模扩大，规模化的网络教学推动了"互联网 + 教育"时代全球化学习和终身化学习的发展。

"互联网 + 教学"以网络平台为依托，是面对面教学和远程在线学习相结合的新的教学方式。这种混合式的教学方式是对传统课堂教学的重塑与改造，达到优化教学效果的目的。混合式教学方法打破了学习的时间和空间限制，学生的学习行为既可以在教室发生，也可以在图书馆、宿舍，甚至还可在咖啡厅或者其他适合学习的非正式的学习场地发生，学生通过非学校教学性质的学习获取知识，可以提高学生学习的自发性、自主性，学生可以对自己的学习进行自我调控和自我监督。学生通过网络学习平台还可以进行跨界学习，课内及课外、专业及非专业的知识经验相互渗透，推动多元化教学的发生，使教学与学习不再受学校系统的限制，可以延伸到校外、家庭及其他社会公共教育服务中。在互联网技术支持下的环境中，文化、场所、时间、学科都不再是障碍。这种学习混合线上、线下双向教学与学习丰富了教学的内涵，由此也衍生出翻转课堂、任务驱动教学法等多种新的课堂教学方法。以信息技术为支撑、以网络平台为依托的新教学方式大大改变了传统的教育链条，众多学习平台的优质课程走进学生的视线，学校教育、课堂教学、老师的教学能力都面临极大的挑战，但“以人为本”的大学教育是不可替代的，人类是群体性社会，人与人之间需要情感的交流、人文精神的传承，学习的过程不仅仅是知识获得的过程，还是文化、情感传承的过程，更是灵魂和思维沟通、交融、升华的过程，混合学习作为一种技术层面上的支持，是传统教学适应“互联网＋教育”时代的适当转变，是拓宽教育视野、促进教育公平的重要尝试和积极补充。混合教学方式帮助老师和学生打破了学科教学的界限，培养学生多视角、全方位地理解和应用所学的知识，用更宽广的视野来发展地看待未来社会，站在更高远的地方去面对未来社会所要解决的问题。为全社会的教育构建了跨界思维的全景教育前景。

第二节　机遇和挑战

一、“互联网 +”给高校教育带来的机遇

（一）“互联网 +”使高校教育更开放

“互联网 +”让教育从封闭走向开放，人们不分国界、不论老幼都可以通过网络接触到优质的教育资源。在全球开放的时代下，正在加速形成一个全球性的知识库，通过互联网，人们可以随时随地地从这个知识库中获取各国、各地区优质的学习资源。同时，通过互联网，学生可以跨地域、跨时间

段针对一个知识点进行反复地学习，加深对知识的理解，不至于在短短的 45 分钟或是一个小时的课堂上强行接收所有的知识点，且不担心知识点的遗漏。由此学生获取知识的效率大幅提高，也为终身学习的学习型社会的建设奠定了坚实的基础。

（二）“互联网 +”提升教育自我进化能力

在“校校通、班班通、人人通”的“互联网 +”时代，学生可以快速学习，师生成为学习过程中的伙伴。

要做到“以学生为中心”的教育要强调学生的个性化特征。互联网中的用户思维就是指在价值链的各个环节都要“以用户为中心”去思考问题，根据用户的需求进行服务。在“互联网 +”时代下，可以利用大数据分析学生的特点，如兴趣爱好、认知水平、接受能力等，然后在此基础上因材施教。例如美国亚利桑那州立大学，拥有 72 000 名学生。学校采取了一个在线教育服务商纽顿公司（Knewton）的“动态适配学习技术”来提高学生的数学水平，2 000 名学生通过使用该系统两个学期之后，该校的辍学率下降了 56%，毕业率从 64%上升到 75%。[①] 由此可见，利用大数据对学生的特性进行分析，然后为学生提供相应的教学，能够更为有效地提升学生的学习效果。为了满足学生的需要，互联网为学生提供了多种学习模式，如体验式学习、协作式学习及混合学习等。其中最具特点的是 4A（Anytime、Anywhere、Anyway、Anybody）学习模式，即学生可以在任何时间、任何地点、以任何方式、从任何人那里学习，这也在一定程度上体现了培养学生尤其是大学生自主学习的理念。

英国著名教育理论家怀特提出，学生是有血有肉的人，教育的目的是激发和引导他们的自我发展之路。也就是说，教育的核心是要充分调动学生的主体意识，使学生在学习、发展过程中变“被动”为“主动”，产生积极主动的心理状态，从而提高自身的认知水平和学习效率。而互联网时代的教育强

① 尹鑫．人工智能时代小学数学智慧教学模式研究 [D]. 杭州：杭州师范大学，2022.

调的就是主动性和创新性，通过提升学生的主动性来提升教育的能力。

首先，当“互联网 +”进入到现有的教育体系之后，打破了原有的教育体系的平衡，敲开了教育原本封闭的大门，为传统的教育体系提供了新的知识信息源泉，使原有的学生子系统能够更为快捷和方便地与外部的大系统进行知识的交互，获取信息，推动了自身知识的增长，从而推动教育的自我进化能力。其次，互联网的虚拟环境能够为学生创造一个拟真世界，学生能够利用互联网从三维的视角去认知、探索世界。陶行知曾经说过“劳力上劳心”，这才是创新人才的办学模式。陶行知认为学习应该是实践与认知相结合的过程，而非只沉浸在书本中。在“互联网 +”时代，学生能够通过网络中的拟真世界进行相应的一些实践，并随时根据网络的信息更新知识，例如管理专业的学生能够通过网上进行沙盘模拟获知与企业运营相关的知识等，由此加强学生的实践操作能力。

此外，“虚拟大学”在高等教育界成了流行词，在不久的将来在我国有可能成为现实。虚拟大学是一个使用虚拟技术创建在线教育的教育机构，它不使用真实的教育资源和能源，并且还具有像真实大学一样的特点和功能。通过“互联网 +”，虚拟大学具有拥有虚拟教学设施、在线学习、多媒体教学材料、远程操控教学和学生成才的个性化优点。虚拟大学突破了传统的高等教育模式，创办于 1976 年的美国凤凰城大学（University of Phoenix）就是一所非常典型的虚拟大学。

如今，国家已研发出了多终端融合的虚拟仿真实验室，“深圳虚拟大学园”已在广东深圳建立。

随着“互联网 +”时代的来临，高校教育正进入到一场基于信息技术更伟大的变革中。“互联网 + 教育”的核心和本质是基于信息技术，实现教育内容的持续更新、教育模式的不断优化、学习方式的连续转变以及教育评价的日益多元化。“互联网 +”极大地放大了优质教育资源的作用和价值，改变了高校教育的教学模式，并加速了教育的自我进化能力。

二、"互联网 +"给高校教育带来的挑战

"互联网 +"使大学生受到学习碎片化的影响。华东师范大学终身教授和教育技术学博士生导师、华东师范大学网络教育学院院长、教育信息化系统工程研究中心主任祝智庭认为，碎片化学习是从知识的碎片化开始的，从而带来了知识、时间、空间、媒体和关系的碎片化。学习者可以利用碎片化的时间，如乘车、课间休息和睡前 10 分钟来实现在网上学习碎片化知识。碎片化学习资源具有短小精悍、结构松散、传播迅速、生命周期短、去中心化、多元化、娱乐化以及多方式表达、多平台呈现的特点，也正是因为这些特点导致学生在网络学习中产生障碍。

首先，碎片化知识短小精悍、结构松散，促进了学生认知方式的转变，对新知识的呈现形态提出新的要求，学生适应了简短的信息阅读方式，可能会对较长的信息和图书阅读产生不适感。长期以来，我们受到的大学教育都是要求学生能够对知识进行系统的加工建构，如果做不到，那么学生就易产生认知的障碍，甚至以偏概全。

其次，碎片化知识传播迅速、生命周期短，对学生的记忆能力提出要求。一直以来，高校学生都习惯了纸质书籍这种连续的、线性的知识获取方式，信息的相互联系具有一体性，这样便于学生对知识进行整体记忆。但是碎片化知识以短时间记忆为主，学生日后进行信息的提取时记忆可能会产生虚构和错构，导致信息失真。

最后，碎片化信息去中心化、多元化和娱乐化等特点，导致学生的思维不能集中，产生思维跳跃。知识碎片的多元化导致学生正在思考的内容很容易被环境中时刻变化的新信息吸引，尤其是娱乐信息，无法围绕一个主题进行深入思考。同时，由于大量碎片化知识和信息唾手可得，而其中大量的信息内容空虚、缺乏价值甚至是毫无价值，学生对于这类信息缺乏判断，导致思维活动空洞，毫无深度可言。正是因为互联网下的教育与各行各业的知识在不断融合，知识迅速更新拓展，知识的复杂度加强，信息以指数级增长，且呈现出碎片化的形式，可用的资源虽丰富却也鱼龙混杂。在传统的学习模

式下，学生一直接受的是填鸭式的教育，对于知识实行的是全盘接受，不需考虑其他，但是在“互联网 +”时代，却需要学生对所接收到的知识信息重新进行加工处理，而这对于学习能力不足、信息加工处理能力不足的学生来说是一个巨大的挑战。

第二章 “互联网 +”时代创新教育的变化

本章的主要内容为“互联网 +”时代创新教育的变化，从四个方面进行了深入研究，具体包括教学模式的改变，教学技术的改变，教学原则的改变以及教学理念的改变。

第一节 教学模式的改变

全球一体化在各个方面影响着当今的高等教育，帮助教育向积极有利的方向发展。新技术、新模式与教学的深度融合可以节省大量资本、资源，吸引更多的学生参与学习，呈现良好的教学成效，产生更好的经济效益。在过去的三百多年，粉笔、黑板和教室一直贯穿着教学始终，然而随着数字化、信息化、人工智能化的发展，教学模式也随之发生一系列变化，新教学理念下的各种新的教学模式应运而生，慕课、翻转课堂、有效教学结构、研究导向型教学、多维混合式教学等，如雨后春笋般破土而出，新技术带动教育发展，推动教育进步，为社会带来更好的发展和更多的效益。

翻转课堂式教学模式是从英语“Flipped Classroom Model”翻译过来的术语，经常被人们简称为“翻转课堂”或者“反转课堂”，也有人将其称为“颠倒课堂”。这种教学模式改变传统课堂的教学流程，将在传统课堂上做的事情挪到课下去做，传统教学课下做的事情拿到课上来做，由此而得名。学生在课前自行学习老师指定的视频学习内容或查找与所学内容相关的文献，老师将不再占用课堂的时间对基础性的内容进行讲解，将节省的课堂时间用来和学生交流互动，可以答疑，还可以开展学生间的合作学习、协作探究或者完成作业。

一、翻转课堂教学模式的发展历史

翻转课堂理念的萌芽最早出现在19世纪初期，西点军校的塞万努斯·塞耶尔（Sylvanus Thayer）将军用他自己的教学方法来训练学生，在课前让学生自学老师发放的与教学内容相关的资料，课上进行批判性思考和开展小组间协作解决问题。这种教学模式已经具备翻转课堂的基本模型，也是翻转课堂教学模式思想的起源；2000年，美国迈阿密大学以迈克尔·特吉利亚（Michael Treglia）为代表的几位老师在授课时打破传统的教学顺序，尝试着让学生先在课前跟着教学视频自主学习，而后在课堂上以小组形式讨论、交流并完成作业，然后展示分享。这种尝试使得翻转课堂教学模式有了雏形；孟加拉裔美国人萨尔曼·可汗（Salman Khan）是该教学模式早期著名的践行者之一。2004年，可汗将自己录制的视频传到网络，后来建立起汇集诸多教学视频的网上课堂——可汗学院（Khan Academy），吸引了众多学习者的目光。可汗在TED上的演讲《用视频重塑教育》，对翻转课堂教学模式的推广起到了加速的作用；2007年，美国科罗拉多州林地公园高中的两位化学老师乔纳森·伯尔曼（Jon Bergmann）和亚伦·萨姆斯（Aaron Sams）用录屏软件录制的演示文稿的播放和讲解，并传到网络上让旷课的学生能在课后学习，同时其他学生也可以通过在线学习的方式复习。后来两位老师就课前让学生在家观看老师提前录制的视频，课堂时间用来完成作业，尝试颠倒传统的教学模式，收到的教学效果超出了人们的预想，于是推动这个教学模式在美国中小学教育中使用，并逐渐在美国流行起来。现在很多人称林地公园高中为翻转课堂教学模式的起源地；2011年末，《环球邮报》和《纽约时报》都登载了关于翻转课堂的文章，并称翻转课堂是课堂教学模式的重大变革；2011年秋季开始，这种全新的课堂教学改革模式被引进中国，并开始在全国范围内推广和应用。

二、翻转课堂教学模式的内涵与价值

翻转课堂教学模式在理论层面具有一定的先进性，它能积极构建并拓展高校课堂，对于学生的发展和教学改革的进行都起着非常重要的作用。从传统课堂、翻转课堂和网络课程在老师、学生、教学媒体对其方法、内容、评价方面的对比中不难看出，翻转课堂结合了传统课堂与网络课程的优势，以现代化教育技术为依托，呈现了创新形式的教与学。美国新媒体联盟在2014年的《地平线报告》里称，"翻转课堂"通过重构传统的教学流程，使课堂更接近教学本源。但是如果高校老师忽视了翻转课堂教学模式的内涵和价值，不能正确引导学生深度学习的话，不仅会加重学生的学习负担，也背离了"翻转课堂"的初衷，与当前国家所倡导的教学研究与教学改革理念背道而驰。

（一）翻转课堂教学模式改变着学生的学习方式

翻转课堂教学模式重新调整课堂上、下的内容，将学习的决定权转让给学生，学生需要先利用课前时间把老师发放的预习材料或相关视频自学完成，老师在上课之前利用平台数据查看学生学习情况，掌握学情。课堂上老师以“学情”定“教法”，与学生共同探讨、解决疑难问题，帮助学生巩固知识、内化知识，让学生从中获得对知识更深层次的理解。这个过程中，学生有更多机会进行小组学习、协作学习，学习不再局限于教室之中、课堂之上，知识不再止于老师的传授。课堂教学改革所倡导的协作学习、自主学习、探究学习在信息化技术的支持下得以实现，学生由以往单纯的知识的“被动接受者”转变为积极主动的“探究者”“思考者”。

（二）翻转课堂教学模式促进老师职业素养提升

翻转课堂模式是大学教育的一部分，是为了让学习更加灵活、主动，让学生的参与度更强。在翻转课堂中，老师需要综合几本教材，考虑不同层级学生的不同需求，根据学生兴趣按照既定目标量身订制微课或视频，老师由课堂的活动管理者、实施者转变为课程的开发者、教学活动的策划者、学生学习活动的指导者。创新教学模式对老师提出了多方面的要求，既要懂得学科专业知识，又要掌握教育教学、教育心理学的基本原理，更要熟练运用现代信息技术，因此翻转课堂对促进高校老师职业素养的提升有着重要意义。

（三）翻转课堂教学模式基于新形式追求课堂实效

翻转课堂教学模式成熟于“互联网 + 教育”时代，在信息技术非常发达的背景下，这种教学新范式是信息时代教育领域的新尝试，它将物联网、多媒体设备、人工智能技术等网络信息平台有效应用到课堂教学中，让学生利用网络平台自主学习、老师利用大数据分析学情得以实现，帮助学生拓宽学习空间和增加学习内容，为老师节省了更多时间来引导学生深入思考和深度学习。翻转课堂教学模式让课堂一改井井有条的样态，学生与学生、学生与老师在课堂上充分交流，以内容为导向，以学生为中心追求课堂实效，让课堂呈现欣欣向荣的场景。

三、翻转课堂教学模式的优势

翻转课堂教学模式把传统教学模式的教学流程翻转过来，形成了一种新的教学形态，利用课下预习、师生面授课堂的互动以及个性化交流相结合的方式开展教学活动，让学生积极主动进行探究性学习，老师运用所学知识解答疑难问题等，从而达到更好的教与学的效果。翻转课堂教学模式得益于学生通过信息技术及数字化设备能不受时空限制，根据自己的学习步调掌控学习进程，这种"以学生为中心"的创新教学方式，把老师的角色由指挥者变成学习的组织者、指导者和帮助者，学生由被动接受知识者变为主动探索者。翻转课堂教学模式因自身具有鲜明的特点而备受关注。

（一）教学视频短小精悍，教学信息清晰明确

自翻转课堂教学模式产生之初，就有大量的相关教学视频随之产生，不论是最初萨尔曼·可汗的视频，还是乔纳森·伯尔曼和亚伦·萨姆斯两位老师为旷课学生所做的教学视频，以及发展至今的微课、慕课里面的视频，这些视频共同的特点就是短小精悍，并且所传达的教学信息清晰明确。视频时间最长的只有十几分钟，长度一般在学生注意力能集中的时间范围内，符合学生身心发展特征；视频内容有非常强的针对性，经过教学团队的打造，最终能发布到网络上的视频都是经过时间和学生检验的。视频中老师的讲解并不像站在讲台上那样有距离感觉，视频中画布的设计温暖贴心，让学生有亲切感；一个视频对应一个知识点，呈树状结构排列，学生学习和查找起来比较方便；视频通过网络发布，还具有暂停、回放等多种功能，学生可以根据自身学习情况自我调控，重复观看。学生在课前自主学习的第一个阶段是"信息传递"阶段，老师不仅提供了视频，还可以提供在线的辅导，因此教学视频精练、明确，对于学生来说非常重要，直接影响学生接收知识信息的精准度。

（二）交互式学习，增加互动机会

翻转课堂教学模式并不是视频教学的代名词，它是教学活动中，让视频代替课堂上老师对一部分知识或技能的讲解，老师可以利用课堂节省的时间进行师生互动和生生互动，共同探索学习中遇到的疑难问题，以达到提高教学效率的目的。当老师成为指导者之后，就会组织分组、相互协作、共同学习，增加师生间的互动，让每个学生都能够积极参与学习。学生通过生生合作学习、交流思想来培养合作精神。在未来社会，人际交往作为基本的能力，对工作和生活具有十分重要的影响。今天，更多的工作岗位要求工作人员能够理解知识、运用知识并在交往中解决遇到的问题。此过程即第二个阶段:“吸收内化”阶段。翻转课堂教学模式对教与学的过程进行了重构，“吸收内化”阶段是在课堂上通过互动来完成，老师能够提前了解学生的学习困难，在课堂上给予有效的指导，同学之间的交流更有助于促进学生知识的吸收内化。

（三）差异学习，因材施教

美国心理学家布鲁姆（B.S.Bloom）认为，如果学校教育给予学生足够的时间和适当的教学，几乎 90%以上的学生都可以达到对知识的掌握。翻转课堂教学模式下的学生在课余时间利用短视频、微课或 PPT 等教学资源，根据自身情况来安排学习进度，教师就不必担心教学节奏快慢的问题，遇到问题可以寻求同学帮助，还可以通过网络得到老师的帮助。学生有充分的时间反复学习难点问题，不仅可以满足学生学习时间的差异化需要，还可以照顾到学生的能力、学习水平的差异，为学生的差异学习提供了很大的可能性。课堂成为激发每一位学生潜能的地方，老师能够及时地通过云平台进行汇总处理，了解学生的学习状况，跟进学生的学习，解决班级授课制环境下学习进程必须整齐划一的问题。教学有法，教无定式，翻转课堂可以最大限度地开展因人而异的教学，让因材施教的教学思想得以实施。

当今教育的核心问题是让学生的有效学习真正发生，随着“翻转课堂”和现代教育技术的不断发展和广泛应用，教与学的外在形式正在被重新构建，教与学的内涵也在前所未有地被扩容。有效学习可以随时随地发生，除了学校的学习，社交网站、专题网站、慕课都可以成为学生获取知识的工具和平台。

翻转课堂教学模式带给学校、老师和学生的不仅仅是基于教育技术的改变，更是教育教学理念、人才培养、教学方式及学习方式的全方位、立体的深刻变革。信息技术的飞速发展带给教育最大的影响是引领理念的变革，翻转课堂教学模式的核心理念是“翻转”，打破了传统的课前、课中和课后的原有流程，将由老师引领的课堂之上最宝贵的时间用来开展参与合作学习，进行有深度的学习，解决难点，培养学生高阶的综合运用能力。这种教学模式需要老师将各种版本的教材内化于心，再择优制作成视频材料，辅以文字信息材料，更需要老师长期关注学科专业的前沿发展动态，了解专业技术应用于实践的情况，掌握本专业领域中还有待研究的问题，才能带领学生进行深度学习，才能在生产生活中灵活运用。

第二节　教学技术的改变

“互联网 + 教育”的主体是教育，新型的互联网教育模式是对传统教育模式的发展和创新。

课程的变革不仅是制作网络课程，更重要的是让整个学校的课程从组织机构到基本内容都发生变化。面对互联网的海量资源，要全面扩展和更新课程的内容。互联网教学平台的推广，帮助教师树立了先进的教学理念，改变了课堂教学手段，大大提升了教学素养，而传统教育的组织形式也发生了革命性的变化。教学模式的变化也带来了学生学习的概念和行为方式的改变，学生的主观能动性增强，学生成了学习的主体，学生不仅能够随时随地学习，还可以全面认知各种知识，甚至可以进行虚拟的实验。学生在学习中的行为也会成为学生信息化的数据来源，通过大数据的分析和处理，可以全面认识每一个学生，并根据学生的个性进一步提供个性化的教育，真正做到因材施教。

一、互联网技术

（一）互联网技术概述

“互联网＋教育”的平台是互联网，只有互联网的不断发展，带来各种技术创新，才能不断地促进“互联网＋教育”的发展。

随着互联网新应用和新功能的不断出现，互联网与大脑结构具有越来越多的相似性。远程操控的硬件设备、各种地方的传感器设备，以及对于信息的传输和处理等，这些互联网的现象已经具备了神经系统的萌芽。互联网进化的观点认为互联网将向着与人类大脑高度相似的方向进化，它将具备自己的神经系统、记忆系统、处理系统，不断发展的互联网将会帮助神经学科学家揭开人类大脑的秘密。

每一次重大技术的变革都会导致一个新领域的科学革命，大航海时代让人类看到了生命的多样性和孤立的生态系统对生物的影响；达尔文通过跟随远航的船队发现了生物进化现象；大工业革命使人类在使用力量上和观察力上得到大幅增长，这为100年后的物理学突破打下了坚实的技术基础。物理学突破都与“力”和“观测”有关，其中包括牛顿的万有引力、爱因斯坦的相对论和量子力学大厦。相比之下，互联网带给人们的影响更加广泛与深远。与工业革命不同的是，互联网增强了人类的智慧、丰富了人类的知识，而这也与大脑的关系最为密切。

（二）国外的相关研究进展

美国南加州大学神经系统科学家拉里·斯旺森和理查德·汤普森在2010年8月在《国家科学院院刊》上发表了一篇关于“一个互联网路由机制被用来解释来自老鼠大脑的信号如何绕过和破坏区域到达目标区域”的论文。2014年，美国邓白氏集团的董事长兼CEO杰夫蒂贝尔在《断点：互联网进化启示录》中也提出了互联网向人类大脑结构进化的观点。

世界各国继续制定、实施和整合新一代的互联网研究计划，并深化研究和实验。从地域上看，美国、欧洲、日本和韩国都有各自的计划和举措；从研究内容上看，有的比较关注网络基础设施和试验平台的建立，而有的对创新体系结构理论比较关注；从技术路线上看，有的走“演进性”的路线，有的走“革命性”的路线。

美国政府在1996年10月宣布正式实施“下一代互联网”研究计划。在这之后全球开始陆续启动下一代互联网项目，而这些项目的设计多数是走“演进性”的技术路线。

一些研究学者认为，要想彻底解决互联网所面临的难题，需要让互联网的体系结构发生本质性的改变，因此便有了“革命性”的研究路线。

美国早在2000年就实施了New Arch项目，“为未来的10～20年开发和评价一种加强的Internet体系结构”是其目标。New Arch项目探讨了互联网不断变化的需求，并重点研究了一些体系结构问题和思想，形成了一系列的报告。但其仅在应用层面进行了功能性验证，具体的方案实现中仍在沿用现有的互联网技术。

美国国际科学基金会（NSF）在2003年实施Clean Slate 100×100研究计划，主要研究“推倒重来，从零开始”的设计方法论、全面的网络框架及网络拓扑设计、网络协议栈设计三个方面。在项目结束时也未能达到2010年实现1亿家庭用100Mbps网速上网的预期目标。此后，NSF还启动了FIND、SING、NGNI等研究项目。NSF在2005年接着启动了全球网络创新环境GENI项目并提出了许多新的概念，引入了Open Flow作为实验平台。

2006年，NSF再次启动全新互联网设计（Clean Slate Design for The Internet）项目，参加项目的有来自斯坦福大学和其他大学的团队，以及工业界的合作伙伴。该项目将专注于移动计算，旨在通过创建一个结合网络、计算和存储的创新平台来改变互联网基础设施和服务。

2006年，日本政府希望能够重新设计互联网的体系结构，启动了新一代的网络架构设计AKARI项目，它共分为（JGN2，JGN2+，JGN3）三个阶段建设试验床。

2007年，欧盟启动未来互联网研究和实验平台计划FIRE。其目的是建立一个欧洲未来互联网的实验平台，以支持对网络的可扩展性、复杂性、流动性、安全性和开放性等问题的新方法的研究。

2009 年，NSF 启动了网络科学与工程的研究计划，并把 FIND、SING、NGNI 三个项目纳入其中，希望在跨学科、跨领域的联合研究下能突破未来互联网体系结构的研究。在 2010 年 NSF 又设立了未来互联网体系结构计划 FIA。

（三）新一代互联网愿景

随着互联网及其用户的增长和演变，互联网的发展环境正在从"以技术为中心"向"以用户为中心"转变。互联网发展环境变化的一个重要体现就是运营商的"去电信化"转型。新一代互联网架构共有三个层次，分别为互联网设施层、适配层与应用层。新一代互联网要能够为用户提供即时的安全和便利的广泛服务、灵活的可扩展性和持续的创新。因此，新一代互联网应该是具备一切皆服务（XaaS）能力和一个具有弹性、可控制的可信互联网。

二、教育改革创新

（一）高等教育发展路径

互联网技术与教育紧密结合的趋势是不可阻挡的。尽管在线教育不太可能取代校园里的课堂学习，但它的运作模式已经开始影响传统高等教育。高校需要系统规划，积极探索"互联网 +"背景下的高等教育发展，支持传统教育的信息技术发展。

高校在教育教学中要积极推进信息技术的广泛应用，在教学实践的基础上可以参考慕课的先进经验来构建自己的在线教育平台，创建一个内容丰富、方便使用的电子学习平台，有计划地进行新型教育模式。如混合学习和翻转课堂，即在线和离线学习的结合，目的是逐步实现教学过程在线化的课堂教学、效果评估与师生互动。

谨慎选择，认真构建网络课程。网络公开课可以更好地展示学校的优势，提高品牌影响力，学校可以在适当的时候提供最具特色、最先进的网络公开课。学习过程的核心是良好的教学质量。努力为学生提供最优课程和个性化学习服务是“在线教育”的成功之处。

改革激励机制，加强教学团队建设。“在线教育”是一种全新的思维模式和学习方式，是专业化教学服务团队（包括教学设计师、主讲教师、辅导教师、IT 专家和摄影师等多方面专业人员）共同努力协同配合的结果，不是精英教授的独家表演。教师要投入大量的时间和精力来精心准备、认真设计课程建设。因此，高校应积极推动课程团队的建立，并建立机制来鼓励教学人员的参与和支持，促进教师跨时空团队的形成和发展。基于信息技术的教育服务智能系统的建立，将促进教师专业化分工和综合管理，并将教学从个人工作变为小组工作。

科学设计，提高学生参与程度。“在线学习”不只是连接社交网络、在线资源和该领域的知名教师，最主要是创造一个环境，让学习者能够积极参与，并根据他们的学习目标、现有的知识和技能以及共同的兴趣组织自己的学习过程。为了充分发挥网络技术的优势，学生和教师互动环节的设计，可以通过各种交流形式加强师生互动，而这也是学习过程的核心。同时这也极大地要求了教师时间和精力的投入，高校应在政策方面向创新师资队伍的保障机制与激励机制给予支持。网络课程的开发意味着原来教学和研究之间的平衡被打破了，这就要求高校要继续创新教学模式，调整研究政策。

（二）教育信息化的优势

教育资源多元化、共享化、全球化。互联网已经成为世界上最大的信息库，大量的信息都在世界各国网站中储存着，并以 Web 的形式相互关联构成了“万维网”，且有取之不尽的信息资源，在大量的信息资源中可以直接或间接地支持教学。

在光盘、云存储、大数据等大容量的特性下，许多的教学及教学材料采用多媒体形式，如校园、课程、考试和评价。这些多媒体材料可以实现图文并茂的教学，并通过超链接将相关信息有机整合，使信息更加生动、实用，更贴近学生的日常生活，更符合学生的学习需求。"互联网+校园"带来了全新的教学形态，"互联网+考试"为人才的选拔提供了有利的条件，"互联网+评价"能更好地监控教学质量体系的运行。

教学能够真正实现自主化、个性化。互联网提供了丰富多样的学习资源，学生可以根据自己的学习进度和最佳学习方式对教材、教师及学习材料等进行多种选择，这有利于主体性教育思想得以真正落实。教学与在线学习的互动，使学生的自学、在线讨论、问答练习变得容易，学习资料可以随时查看，学习资源可以随时下载，学生可以根据自己的情况决定学习多少内容、知识深度和学习进度的快慢，这非常有利于培养学生的主体性精神，塑造学生的主体性人格，也有利于培养学生的批判性和创造性思维。

加快实现终身教育和建构学习化社会。在"互联网+"时代，可以随时随地地学习，使用网络也不再受限。传统的网络是庞大而固定的，这意味着人们受到条件和地点的限制，只能围着网络走。但在"互联网+"时代，通信工具的小型化使人们可以跟随互联网，随时接受教育，出现了"网络围着人转"的现象。随着"互联网+教育"的快速发展，会出现一个全民皆学的学习化社会。这也大大加快了《国家中长期教育改革和发展规划纲要（2010—2020年）》中提出的基本实现教育现代化，基本形成学习型社会，进入人力资源强国行列的战略目标。

有利于教育公平发展的推进。教育部发布的《全国教育信息化工作专项督导报告》显示，截至2014年11月底，全国已有6.4万所学校完成了"数学点数字资源全覆盖"项目建设，实现了设备配置、资源配送和教学应用的"三到位"，为中国教育迎接"互联网+"时代的挑战提供了更好的物质基础。通过在教学点全面嵌入数字教育资源，克服时间和空间的限制，全国所有的学生都可以共享同等质量的教育资源，为解决教育资源分配不均的问题提供了一条捷径。

三、技术创新支持“互联网+教育”

（一）“互联网+”的内涵与核心特征

技术哲学的研究在理解技术的本质方面有两种对立的观点：“技术不是物”和“技术是物”。陈昌曙认为，技术构成要素包括实体要素、智能要素和工艺要素。实体要素指工具、设备等物质实体，智能要素指知识、经验和技能等，工艺要素指智能要素和物质实体相结合的方式。由此可见，技术的本质不仅仅是工具，还包括使用技术主体的观念和使用过程。这是对技术本质的全面理解。这种对技术性质的理解有助于我们理解互联网的性质。技术是社会关系的体现，它不仅展示了人与自然的动态关系，也是人类社会关系诞生、存在和发展的基本力量和尺度。

关系及其智能连接方式是“互联网+”的实质，是重新认识与界定互联网技术要素中的智能要素和工艺要素。“互联网+”既注重互联网技术的支撑作用，又注重协作、开放、跨界等互联网思维在传统行业创新改革中的作用。简而言之，它是将互联网作为基础设施和创新的推动者，促进信息和通信技术与不同行业之间的跨界融合。这不仅是增加两个元素，而且是为传统产业创造新的发展形式。

“互联网+”具有四个核心特征：一为新技术和先进的基础设施，数字化、云计算、物联网、3D打印及智能可穿戴技术等设备及工具为创新发展提供了支撑；二为新生产要素，数据和信息资源已经成为各行各业的关键资源，大数据的发展不仅改变了人们的生活和工作方式以及企业的经营方式，而且还导致科学研究方式的改变；三为一个新的基于网络的社会空间，利用信息通信技术（ICT），整合不同部门和多维空间，跨越国界，形成相互连接的社会网络，并日益模糊虚拟和现实世界之间的界限；四为新业态体系，在互联网的影响下新的体制、新的机制和新的分工正在形成，电子信息和媒体技术的快速发展加速了信息的创造、复制和传播，既导致了爆炸性的增长，也加速了衰退。

（二）技术支持下的创新学习

引领和推动技术驱动的教育改革是教育技术的任务。北京师范大学陈丽教授认为教育技术具有人才培养、科学研究和社会服务三项职能。教育的本质目的是培养服务社会的人才。在社会发展和技术进步的背景下，专业人才和学术人才的培养都要符合时代潮流和教育改革的方向，因此人才培养的新模式应该面向教育改革的实际问题。在“互联网 +”时代的背景下，“互联网技术 + 教育”的服务模式将成为以后的研究主题。技术和教育相结合，是为了更好地实现终身学习理念，即所有人都能享受优质教育和终身学习，建立一个公正、和平和可持续发展的社会。

澳大利亚悉尼大学迈克尔 · 雅各布森教授用软件 Omosa Netlogo 进行电脑实验，在前测和后测的对比下得出结论：虽然科学探究法主要用于学习科学知识，但它在扩展学习中也发挥着重要作用。知识可以被建构和重构，重构可以改变一个承载着某一领域代表性知识或潜力的计算机模型，重构一个代表性的知识模型，往往可以帮助学生在某一科学领域中更深入和创新地学习。利用技术创设一定情境可以激发学生的学习兴趣。鼓励学生创新设计的知识重构模型，促进学生对这一知识领域的进一步学习和深入研究。迈克尔 · 雅各布森教授认为，利用技术进行教育创新是信息时代的前进方向，在技术支持下的创新学习也将成为学习的主流形式。

在大数据时代的支持下，智慧校园为师生提供了便利，也为学校的管理系统提供了智能化服务。陕西师范大学王武海研究员认为，移动互联网时代的校园服务模式要体现以人为本、阳光透明、扁平简约、智慧物联、数据财富、信息安全等现代理念。在校园服务模式方面，由于基于计算机应用的不断创新，学校管理系统将变得更加智能，校园后勤管理模式将变得更加简单。

（三）信息技术与教育的深度融合

从信息技术与教育的整合到深度融合，其变化表明信息技术的发展正在推动教育教学的变革。优质数字课程的打造、共享交流平台的建立、优质资源的开发与利用，有效地促进了信息技术与课程的深度融合。由陕西师范大学傅钢善教授主讲的“现代教育技术”课程作为首批信息化建设课程，从2000年开始至今，已有20多年的历史，从最初的国家级精品课程到国家级教师教育精品资源共享课程再到MOOC，所有课程的背景、核心意义、设计思路、教学实践的各个环节都体现了信息技术在教育中的作用，凸显了信息技术与教育深度融合的重要性。

傅钢善教授认为课程与信息技术的深度融合是信息化课程特点。信息化课程建设的理念是以学生为中心、以能力为重点和关注学习过程。信息化课程设计的关注点是平台、内容和活动。信息化课程建设的重点是实现三个转化：教材转化为数字资源，学习内容转化为学习过程和活动，结果性评价转化为发展性评价。

ICT是一个新技术领域，是融合信息技术与通信技术而形成的。日本富士山大学山西润一教授认为，日本教育ICT旨在利用ICT改善课堂教学，实现教育信息化和智能化学校管理，最终目标是通过技术改变教育。ICT在日本的教育信息化中发挥着关键作用。国家提倡信息技术与教育教学的深度融合，通过协作学习发展学生的思维、决策和思想表达能力，进而培养学生对学习的积极态度，促进教育的信息化和现代化实现。

信息技术与教育的深度融合是一场全面而又深刻的创新与变革。信息技术不仅改变了教学活动的实施方式，而且对教学方法、工具和内容产生了重大影响。信息技术为教育创新指明了方向，同时也推动了教育模式和学习环境的发展。信息技术与教育的深度融合已经成为一种教育趋势，对于快速发展的中国来说，这既是难得的机遇，也是重大的挑战。从宏观上看，要实现信息技术与现代教育的深度融合，必须从战略层面上解决全局问题，进行前瞻性规划，才能抓住机遇，实现中国教育的飞跃发展。

第三节 教学原则的改变

一、知识和智力并重的原则

智力的发展有助于知识的掌握。智力发展较好的学生，接受能力强，掌握知识牢固，能够举一反三，自觉地、积极主动地、创新性地学习，探索真理；反之，如果学生智力发展较差，就不能牢固地掌握知识，也不能举一反三及创新性地解决问题。

创新性教学中贯彻这一原则时要做到以下三点：

（一）认识到知识和智力同等重要，不可偏废

知识和智力互为条件，相辅相成，互相促进，两者既不可制约对立，互相排斥，也不可彼此混淆。片面强调任何一方，将适得其反，降低教学质量，不利于培养学生的创新能力。

（二）实行“启发式”教学，促进学生智力发展

知识不等于智力，如果教师进行“填鸭式”教学，学生只知机械记忆和搬运知识，即使他们头脑里被填满了一大堆知识，也不会发展智力，而往往会变成“书呆子”，与创新型人才是不沾边的。教师只有实行“启发式”教学，善于启发学生思维，引导学生自觉地、积极地进行学习，正确理解知识，掌握获取和运用知识的方法，才能有效地促进学生智力的发展。

（三）教给学生系统的科学的规律性的知识

并非所有的知识都能促进学生的智力发展，有些零碎的、不严谨的、没有系统化的知识教得过多，反而增加学生负担，影响智力发展。例如，识字一个一个地教，阅读一篇一篇地从范文中学，甚至学数的组成也是一句一句地背诵口诀等，都将使学生的记忆负担加重，而智力的主要要素——思维能力，却得不到训练和发展。

人们认为，系统的科学的规律性的知识就是各门学科的基本结构。美国著名的心理学家布鲁纳说：“不论我们选教什么学科，务必使学生理解学科的基本结构。”[①] 基本结构指的是普遍的强有力的适应性的结构。其具体表现就是每门学科的基本概念、基本公式、基本原则、基本法则等。布鲁纳认为，学科的基本知识乃是基本结构的“特例”“具体化”“变式”“多样表现”。反过来，基本结构则是基本知识的概括、抽象、内在制约者、发源、本质……他认为学生掌握基本结构有利于知识的迁移、智力的发展。我国一些优秀教师的先进教学经验表明，让学生掌握学科知识的基本结构，有助于发展他们的智力，例如，有的教师利用形声字结构进行集中和分散的识字教学，极大地促进了学生的智力发展。当学生掌握了“声旁表音，形旁表意”的构字规律后，就能独立运用推理的方法来判断字的音、形、意，举一反三，认字速度提高很快。

可见，教师认真研究自己所教的学科的基本结构，教给学生系统的科学的规律性的知识，学生就可以举一反三，闻一知十，触类旁通，最大限度地发展智力。

二、博采知识与培养创新能力相统一的原则

知识与创新能力的关系如同知识和智力的关系一样，系统的知识是创新能力发展的必要条件，创新能力高的人必然博采知识，并从事更高层次的发明创新活动，两者互为条件，相辅相成，互相促进，相互提高。

创新性教学中贯彻这一原则时要做到以下两点：

（一）要让学生博采知识

知识是创新能力发展的根本条件。知识贫乏，头脑中只有零碎的、低级的、自然状态的知识堆积，而没有系统的、科学的、规律性的知识，便不可能创新性地分析问题和解决问题，并做出发明创新。尤其在当代，科学在加速发展，专业分工越来越细，各学科知识信息在成倍增加，文化周期又在缩

① 杰罗姆·布鲁纳．教育过程 [M]．北京：文化教育出版社，1982.

短，有人认为难以掌握大量的知识，于是局限在自己的专业圈子里，故步自封，这样做很难做出较出色的发明和创新。只有博采大量的知识，量变引起质变，思维才能得到进一步的丰富，新联系、新设想、新观念才会在头脑中不断涌现，才会不断做出发明及创新。特别是那些具有广博的知识或掌握了许多交叉学科、边缘学科知识的人，更能做出出类拔萃的发明创新。控制论创始人维纳说：“在科学发展上可以得到最大收获的领域是各种已建立起来的部门之间的被忽视的无人区。科学地图上这些空白地区去做适当的查勘工作，只能由这样一群科学家来担任：他们每人都是自己领域中的专家，但是每人对他邻近的领域都有十分正确的和熟练的知识。”① 维纳和他的同事正是在数学、生理学、神经病理学等学科的边缘交叉地区奠定了控制论的理论基础。由此可见，在创新性教学中，教师应鼓励学生博采大量的知识，“厚积才能薄发”。

（二）引导学生灵活应用知识

如果把知识当教条，死记硬背，生搬硬套，便会被知识奴役，头脑就会僵化，不会发明，不会创新，对人类社会不会做出什么贡献。

因此在教学时，教师应引导学生灵活掌握和运用知识，理解所学内容并加深理解，掌握规律，提高分析和解决问题的能力。

三、教师的精心教授与学生的独立思考相统一的原则

教学是师生双边的教育活动。教师要精心教授，学生要独立思考。因此，教师应该精心备课，精心讲课，精心批改作业，精心辅导学生。然而，教师教学毕竟只是给学生指明一个前进的方向，路还得学生自己去走，路途中的困难和挫折还得学生自己去克服。而这一切，都得靠学生自己独立思考，任何人都包办代替不了。

创新性教学中贯彻这一原则时要做到如下两点：

① 诺伯特·维纳．控制论：或关于在动物和机器中控制和通信的科学 [M]. 北京：科学出版社，2009.

（一）教师传授的内容必须适合学生的接受能力

教师教学时要对学生独立思考有充分的认识。学生是学习的主体，要发挥学生的主体作用。教学效果最终也要在学生的学习上得以落实。

教师所教授的内容要符合学生的实际情况，所学内容太难会打击学生的自信心，太简单又会使学生掉以轻心，从而失去学习的兴趣。教师教授内容要难易适当、有“信息差”，善于进行创新型教学，使学生学习起来稍微有些吃力，但又能消化。只有这样学生才会感到学习的趣味性，才能使机械学习变为理解性学习，才能激发学生的独立思考和创新思维能力。

（二）教学要生动形象，切忌平铺直叙

教师要善于创设教学过程中的问题情境，恰到好处地提出一些富有启发性的问题让学生独立思考。例如，有位特级教师教“摩擦力”一课时，精心创设了一个启发学生思考的问题情境：在非常非常光滑的路面上，有一个静止的一吨重的大铁球，一只蚂蚁正在用力推大铁球，能不能推动大铁球呢？像这样的问题情境既新奇又有趣，能激发学生思考，使学生积极参与到教学过程中去，变被动地接受知识为师生之间的双边活动，能最大限度地培养学生的独立思考能力和创新能力。

四、全面要求与因材施教相统一的原则

创新性教学应面向全体学生，既要使他们尽可能达到统一标准并得到全面发展，又要承认学生的个别差异，针对不同学生的特点，采取不同的教学措施，使每个学生的创新性才能都得到充分发展。

对学生要有一个全面要求。应该把学生无一例外地培养成所需要的创新型人才。学生虽然有千差万别的个性，但也有共性。这种全面要求不但必要，而且可能。若没有全面要求，就会使创新教育偏离正确的轨道，降低创新教育水平。但仅仅全面要求，不因材施教也不行，两者必须统一起来。由于遗传、环境和教育错综复杂的影响，每个学生的个性特征和发展水平有差异，若用

同一个模式培养学生，将使有特殊创新才能的学生遭到埋没，创新才能较差的学生又将遭到淘汰。所以，创新性教学中要遵循全面要求与因材施教相统一的原则，长善救失，各尽其才，不拘一格，使每个学生的创新才能都得到充分、自由的发展。

为了很好地贯彻全面要求与因材施教相统一的教学原则，有两点要求需要注意。其一，教学要面向全体学生，兼顾两头，让所有学生都能得到发展。其二，正确对待学生间的个别差异，尤其要正确对待那些有特殊能力的学生。对优秀生可以举办科技开发、发明创新讲座，广泛介绍当代科学技术发展的新成就、新动向、新发明、新创新，以激发学生对学习与创新的兴趣，使学生树立献身人类发明创新事业的志向。要组织他们参加课外及校外学科活动，从事小发明、小创新活动，激发创新意识，培养创新能力。学校图书馆、实验室要向他们开放，有条件的学校可以聘请科学家、发明家，对他们进行个别指导。对成绩一般的学生应适当降低教学要求，不论答问、作业、实验都设法使他们获得一定程度的成功，及时给予激励，加以表扬，使他们感受到紧张智力劳动后成功的愉快，从而激发他们强烈的学习动机及浓厚的认识兴趣。在他们掌握一定基础知识和基本技能的基础上，教给他们发明、创新的技巧和方法，让他们从事一些力所能及的小发明小创新。教师应针对他们的不同特点，加强指导和辅导，培养他们的创新意识和创新能力。

五、教师主导作用与学生主体作用相统一的原则

教师主导作用是指在教学活动中，教师处于主导地位，学生只有在教师的教导和帮助下，才能以最短的时间、以最高的效率掌握人类创新的科学文化知识，迅速提高自己的发展水平，成为社会所需要的创新型人才。因此，学生学习的主动性、积极性和创新性发挥得怎样，学习效果怎样，是衡量教师主导作用发挥得好坏的重要标志。

学生的主体作用是指在教学过程中，学生是学习的主体，是学习的主人，要充分调动学生学习的积极性、主动性和创新性。在教学过程中，只有充分

做到教师主导作用和学生主体作用相统一，才能获得最优化的教学效果。

创新性教学中贯彻这一原则时要做到以下三点：

（一）教师要引导学生进行探究的学习

在教学过程中，学生掌握知识技能有两种方式，接受的学习和探究的学习。学生通过教师的传授而理解并掌握知识，是接受的学习；教师引导学生探究一些问题，启发他们发现人们已经发现的真理，是探究的学习。探究学习能充分发挥学生学习的积极性、自觉性和创新性。

（二）培养学生浓厚的学习兴趣和强烈的求知欲望

兴趣是学习的动力，求知欲望是探求真理的一种富有感情色彩的心理倾向。浓厚的学习兴趣和强烈的求知欲望是提高学习积极性、自觉性和创新性的重要因素，也是学生有所发现、有所发明、有所创新的前提。

要想培养学习兴趣和求知欲望，应该激发求知的需要，使学生产生满足求知的动机。因此，教师要经常对学生进行学习目的教育，从而使他们产生正确的学习动机。同时，教学方法要多样化，要保护学生的好奇心，鼓励他们大胆地提出问题，进行创新性思维活动，培养学生主动的探求精神，激励他们把自己的学习和社会发展的需要联系起来，使学习兴趣和求知欲望向更高程度发展。

（三）发扬教学民主，实现心理相容

发扬教学民主，实现师生心理相容，是教师的主导作用和学生主体作用相统一的有力保证。教师热爱学生，学生尊敬教师，师生心理相容、关系密切是教学民主的体现。教师对学生要严格要求，尊重学生、耐心教诲、热情帮助、精心培育。在充分发挥教师主导作用的前提下，充分调动学生的主体作用，要相信学生，多方面鼓励学生大胆提出问题，发表自己的看法。

六、理论与实践相统一的原则

理论与实践相统一的原则反映了教学过程中学生认识过程的一般规律，

是教学达到最优化效果应该遵循的教学原则。该原则要求：在理论和实践相统一的过程中传授和学习理论知识，使学生能真正理解理论，懂得理论在实际中的运用，并能形成必要的技能、技巧和实践能力。

创新性教学中贯彻这一原则时要做到以下四点：

（一）要重视理论知识的指导作用

理论和实践相统一的目的是使学生在理论知识的指导下，通过在实践中的运用，加深理解和巩固理论知识，形成创新的基本技能和技巧。因此，教学中要切实抓好理论知识的传授，打好基础。只有在理论知识指导下的创新实践中，学生才能较快地掌握有关的创新技能和技巧。

（二）要重视学用结合，加强教学中的实践性环节

教学中要创新多种多样的实践形式，如实践、实习、练习、生产劳动、发明创新等。这些实践形式，由半独立到独立，由简单到复杂，由校内到校外，尽可能使学生动手、动口、动脑，让他们真正体会到理论知识对于实践的指导作用。要防止从理论到理论，从概念到概念的教条主义的教学。

（三）根据学科特点、教材内容和学生的实际，有计划、有目的地联系实践

教学中理论联系实际的目的有两条：一是理解和掌握基本理论知识；二是运用理论知识于创新实践活动。不同学科或同一学科的不同内容，联系创新实践的内容有所不同。例如，语文教学一般是联系创作实践，让学生创作诗歌、散文、小小说等。数学、物理、化学教学不妨让学生运用所学的理论搞一些小革新、小发明、小创新等活动。

（四）教学中理论联系实践，要通过学生的独立思考和独立工作去完成

教学中教师要创造条件，通过感性的认识活动，让学生自觉地、积极地去观察、思考，从而达到教学目的，使学生的独立探究和创新能力得到发展。

第四节　教学理念的改变

17 世纪，捷克教育理论家、教育改革家、教学论之父夸美纽斯继承了文艺复兴以来的人文主义教育思想，他最早提出了班级授课理论。将相同年龄和相同文化程度的学生分成一个班，作为一个教学组织单元代替个别施教，从根本上解决了现代教育存在的矛盾，扩大了教育的受众对象，提高了社会的教学效率，从而实现了学校教学管理制度化和标准化。班级授课制诞生至今，仍然为国内的学校教育包括小学、中学和大学的课堂所采用。在英文里面“教室”和“课堂”都是“classroom”，但是，好的课堂不是那个被称作“教室”的空间，也不是一个年长的老师面对一群学生在唱独角戏，更不是照本宣科的考试预备组，好的课堂是老师和学生在多元的时间和空间共同创造的。关于好课堂的理解，教育家叶澜先生曾指出，一堂好课没有绝对的标准，但是有一些基本的要求。她把这些基本的要求概括为：有意义、有效率、生成性、常态性、有待完善。美国著名的实用主义哲学的代表人物，教育家、哲学家和思想家约翰·杜威先生曾经说：“教育不是一种说教和被告知这样的营生，而是一种主动的和建构性的过程，这才是好的教育。”① 高校的老师应该深刻理解这两句话的内涵，好好领会其背后所蕴含的深刻意义，以便更好地进行我们今天的课程改革和教学变革。

中世纪以来，大学一直是传授和学习高深学问的机构，由于所处年代的传播媒介和渠道的限制，掌握这些学问的人非常稀少，课堂就是以老师为中心进行讲授与传播的方式进行，老师是课堂的主导者和控制者，这种授课方式一直沿用至今。但是随着信息技术的发展和新设备的应用，电子信息取代纸质信息，数字化媒介的应用迅速扩大了知识的传播范围，同时更拓展了知识的传播途径，能够接触高深学问的人越来越多，知识被即时传递、无限复制而且成本低廉，技术应用于教学带来了巨大变革，催生了基于“互联网 +”

① 周安娜 . 阿伦特“积极生活”理论对高校思想政治教育的启示 [D]. 南京：南京师范大学，2021.

的教育模式。大学的传统教学模式受到了严重挑战，无处不在、随时可得的知识信息打破了大学和老师对知识和信息的垄断，传统大学老师的作用受到冲击。

尽管传统课堂存在着弊端，但传统课堂优势也是显而易见的，老师与学生面对面的交流和学习，在传递知识的过程中，情感的交流也随之发生，知识与情感的传递是即时发生的，这是网络学习所无法提供的。“互联网 +” 时代的到来加速教育领域的发展与变革，实质上，建构以学生为中心的大学课堂才是我们今天高等教育改革发展的目标。课堂教学以任务为驱动，促进学生完成课堂学习任务，更多地聚焦于学生的“学”，为学生的协作搭建平台，让学生独自或互相协作完成课堂的学习任务，同时为学生之间的交流提供更多的机会，老师是课堂的组织者、主导者，学生是课堂的主体，是重要的参与人。一直以来，没有任何一位教育家能给好课堂一个绝对的“标”和广为人们所接受的“准”，这就好比我们没有办法给“美”一个唯一的标准一样。

科学技术的飞速发展让我们生活在一个日新月异的时代，互联网、大数据、人工智能等新兴技术已经颠覆了现有的产业形态和组织方式，也正在改变着人与人、人与世界的关系，正不断地重构人类的生活、学习和思维的方式。这些变化必然会给高等教育带来影响。利用新技术创新人才培养模式，改革教学方法、提升教育治理能力已经成为国内乃至全球大学努力探索的领域。

从过去到现在，人类手中的工具是影响学习和思维的重要方面。信息时代的学生是在数字环境下成长的一代人，学习已经完全打破固有方式，不再受时间和空间的制约。在现代信息技术的支持下，他们可以实现多任务化、可视化、信息共享、高速化、关联性、非线性地学习。当前大学生的学习环境发生了重大变化，以黑板、粉笔和教材为中心的课堂教学正逐步丰富，投影、电子大屏及网络教室让老师的教和学生的学过程不再单一，而当前更多学校推广的智慧教室，让教与学的过程变得更生动多样化。同时，我们还看到，信息时代的知识内容经历了巨大的转变，知识是课程发展的三个重要来源之一，它决定着课程改革的方向，并影响着课程的实施与评价。随着时代的变化，知识的各个维度都在悄然发生着变化：知识的本质由绝对真理到生成构建，知识的存在状态从公众知识到个体知识，知识的属性从价值中立到价值关涉，知识的种类由分层到分类，知识的范围从普适性到情境性。由于高校老师、学生、环境及知识内容等多个方面的信息因时代的变化而发生着变化，因此，现如今的大学的课堂已经呈现以下五个方面的特点：

一、构建“以学生为中心”的大学课堂教学模式

教学的本质是如何让学生学得更好，因此，老师的“教”是为了学生更好地“学”。建构主义学习理论认为，学习不是由老师单纯地把知识传递给学生，而是学生自己建构知识的过程，学习不是简单地被动接受信息，而是主动建构知识意义，意义是学生在通过新旧知识学习经验间的反复地、双向地相互作用的过程中建构的，这种建构无法由他人代替。老师不能无视学生已有的知识经验，简单强硬地从外部对学生进行知识的灌输，而是应当把学生原有的知识经验作为新知识的生长点，引导学生从原有知识经验中生长出新的知识。该理论强调了学生的主动性，认为学习是学生基于原有的知识经验生成意义、建构理解的过程，应意识到学生在学习过程中的主体地位，对教学设计具有重要指导价值。

如何能让学生积极主动地构建自己的知识体系是当今教育面临的难题。特别是在“互联网 +”环境下，任何人都可以在任何时间、任何地点、从任何一本书开始学习任何课程，因此，如何在课堂上赢得学生的尊重和依赖，如何与学生成为共同学习者是老师面临的严峻挑战。共同学习者或学习共同体的建立也必将使课堂越来越凸显学生的中心地位，利用信息技术与课堂教学内容的深度整合来创设学习情景，开展协商对话，为学生提供信息，把所学知识和生活实际联系起来，更有利于学生运用知识解决现实世界的真实问题。课堂教学的本质其实就是老师为学生提供及时的、大量的、丰富的信息资源，辅助学生建构知识意义，引导学生持续不断地思考，丰富学生现有的知识经验，激发学生积极探索的热情，让学生成为课堂的主体，真正把课堂交还给学生。

二、构建以技术为支撑的课堂教学环境

教学活动的开展需要以环境为依托，教学环境直接影响着教学行为和教学效果。在“互联网 + 教育”时代，“technology rich classroom”技术极大丰富了课堂教学的环境。被誉为美国“教育技术教父”的柯蒂斯 · J. 邦克说过，21 世纪信息技术铺天盖地，这些技术为人们提供各种各样的学习方式。这些技术有助于学校改变传统的以老师为中心的课堂教学模式，为学生表达个人观点、参与交流提供机会，信息技术环境对课堂教学产生了深远而重大的影响。现代教育技术的特点是集数字化、网络化、智能化和多媒体化于一体，基本特征为开放、共享、交互、协作。教育信息化为学生的学习和全面发展提供了良好的环境，为老师教学活动的进行、教学改革的开展提供新环境，但是教育信息化环境也对老师提出了更高的要求。信息化教育环境下，老师不仅是教学的引导者，同时更是教学资源的组织者，为了避免学生在海量信息中迷失方向，提高学生使用信息的效率，老师需要根据教学内容对信息进行筛选，去粗取精，将有效信息转化为课堂教学资源，帮助学生了解更多学科专业的前沿动态、相关领域的最新发展情况，以达到丰富教学内容、深化教学内涵的目的。另外，老师更需要不断提高个人信息素养，除了掌握计算机的基本操作，还需要熟练使用多媒体及网络技术进行辅助教学，更需要具备迅速获取大量数字化资源的能力。教育部印发的《教育信息化 2.0 行动计划》中明确强调要加强学生的信息素养，更要大力提升老师的信息素养。信息技术丰富的学习环境，就是每一位老师的工作环境，要科学合理并有效地利用数字化技术支持课堂教学，创建“互联网 + 教育”数字化生态教学环境。

三、充分利用开放教育资源

在教育全球化和信息化的背景下，基于“开放共享”理念的“开放教育资源”运动是全球教育发展的重要趋势。今天在全世界范围内有非常丰富的开放教育资源，2001 年美国麻省理工学院发起了世界开放教育资源运动，使得许多大学纷纷仿效并加入其中，我们仿佛进入了一个教育资源的大同世

界，这种资源共享的程度是人类历史上前所未有的。今天的老师应该思考如何充分利用开放资源，优秀的老师也应该是善于运用开放资源的老师，互联网上有清华大学、北京大学、剑桥大学、牛津大学、斯坦福大学、普林斯顿大学、耶鲁大学等许多全世界优质大学的教学资源。大规模在线课程在政府、企业、高校、老师、学习者等方面的积极推动和参与下呈现飞速发展的态势。全球开放式课程（OCW）、开放教育资源（OER）及包括可汗学院、TEDi、TunesU、网易公开课、视频公开课在内的公开课资源更是推动了开放教育运动的蓬勃发展的重要因素。

2012 年被《纽约时报》称为大规模在线课程（MOOC，音译“慕课”）元年，随后慕课得到了快速发展，Coursera、edX、Udacity 三个平台相继成立，作为一种新型开放课程，它们构建了一种新的教与学的生态系统。2013 年 5 月清华大学宣布加入 edX，2013 年 3 月北京大学宣布加入 Coursera。2014 年上海交通大学通过自主研究创建“好大学在线”，率先推出了我国首个中文慕课平台。目前，我国线上慕课数量达到 8000 余门，在线学习的高校学生和社会学习者人数突破 1.4 亿人次，获得在线课程学分的大学生已经超过了 4300 万人次，可以供西部高校选用的在线课程超过 65 000 门次，慕课平台的建立极大地推动了高等教育公平、教育均衡发展。随着学校教育理念的不断发展，越来越多的高校开始思考如何利用开放教育资源，如何利用慕课进行课堂教学改革，有效提升学校培养人才的质量。而如何将这些在线教育资源有效地整合到学校教育当中，融入课堂教学实践，让非正式学习为学校教育贡献力量是当今教育工作者面临的严峻问题。

四、课堂教学让学生的有效学习真正发生

在通常的课堂教学当中，老师教授给学生的只是人类文明的成果，是已经成为定论的知识或理论，可是学生要面对的是未来世界，是许多未知的领域，所以只教给他们这些定论的知识或理论本身是远远不够的，老师的教学更应该注重培养学生学会知识的能力，而非知识本身。因此在课堂上不管是

哪种互动，哪种教学模式，教师需要让学生的学习真正发生，让学生头脑的机车发出轰鸣，让学生开始真正地思考，这才是衡量一个课堂是否有效的真正标准。有效学习行为是指为掌握某个知识或技能，在一段时间内全身心忘我投入的学习或研究状态。对于一门核心课程来说，有效学习行为累计时长是衡量一名学生学习好坏的重要标准。有效学习行为的真正发生往往依赖学生学习的积极性和主动性，老师在进行课堂教学的时候，有效激发学生自主学习的关键在于正确选择教与学的模式。以学生为中心的建构主义教学方式以学生“高习得率”著称，该理论认为学生自主探索与学习比传统课堂听课被动接收收获更大。美国学者、著名的学习专家爱德加·戴尔首先发现并提出了学习金字塔理论，后来美国缅因州的国家训练实验室也做过类似的研究，结论跟戴尔的结论基本一致，并用数字形式形象表示了采用不同的学习方式，学习者在两周以后的平均学习保持率是不同的。

通过学习金字塔来看，该研究将教与学的方式分为七类，听讲、阅读、视听、演示等教学方式的学习内容平均留存率较低下，是学习效果在 30%以下的几种传统方式；讨论、实践、教授给他人等教学方式的学习内容平均留存率较高，学习效果在 50%以上的都是团队学习主动学习和参与式学习等学习方式；最后一种在金字塔基座位置的学习方式是“教授给他人”，教授别人或者马上应用可以记住 90%的学习内容。根据学习金字塔理论，学生在以老师讲授、演示为主的课堂教学中，教学的方式属于金字塔塔尖处，学生处于被动学习状态，他们被动地接受知识，因此导致所学知识内容的留存率较低；相对而言，在以讨论、实践、教授给他人等以学生为中心的课堂教学中，教与学的方式属于金字塔底部，学生处于主动学习状态，有利于学生基于原有的知识经验不断地扩建自己的知识体系，因此所学知识内容留存率较高。20 世纪美国著名实用主义教育家 J. 杜威提出“做中学”的教育理念，让学生参与到课堂教学中，发起讨论、布置实践、让学生来做课堂的主人，把课堂真正交还给学生，才能有效激发学生的主动性积极性，让课堂教学中学生的有效学习行为真正发生。

五、推进基于混合学习的课堂教学

国内外学者对混合学习研究由来已久，广义上认为混合学习就是各种学习理论、学习方法、学习内容、学习模式、学习媒体以及学生支持服务和学习环境的混合。2009 年，美国教育部发布了基于证据的在线学习效果的研究报告，在线学习研究的一个元研究对 1996—2008 年完成的在线学习效果的研究进行的元分析中发现三个结果：第一，混合学习是最有效的教育模式，课堂教学的改革的方向即是混合学习；第二，在线学习比面对面学习更有效，1969 年成立的 Open University 的教学效果和学校排名在英国的前 150 所院校中排在第十名；第三，单纯的面对面教学是最低效的。美国发布的在线报告中指出混合学习是最有效的教育模式，是未来高等教育发展的趋势，因此混合式学习是学校课程与教学改革的发展方向。混合学习模式是基于网络在线教学平台的教与学的方式，它强调在教学过程中，老师是学习的主导，学生是学习的主体，两者有机结合，产生"双主模式"。基于建构主义的"双主模式"在传统的课堂教学中非常难以实施，但在新教学环境下，"双主模式"的混合学习基于网络却能够顺利进行。显然，在混合学习环境下，老师开展教学活动前期的工作量会成倍地增加，除了利用现有网络资源进行教学设计、教学实施、教学评价与教学管理，需要考虑如何能利用互联网平台促进学生的深度学习、有效交流，当然，这完全取决于老师是否愿意主动接受这种全新的教学模式，这也是对老师学科专业知识和教学能力的极大挑战。

未来课堂"教"与"学"发展的大方向将更加强调以学生为中心，更加依赖计算机及网络技术。无论是课堂的教学模式、学习环境、教育资源还是学生的学习方式、学习行为，都离不开网络技术、大数据资源的支持，这正是"互联网 +"时代教育最显著的特征。现在的学生出生在互联技术快速发展的时代，是数字化时代的原住民，他们的计算机操作能力强、网络平台的应用能力强、知识获取的途径多，有诸多数字化时代的特点。因此课堂教学开展所采用的方式方法不能一成不变，而是要因学习者特征的变化而不断地改变。

第三章　“互联网 +”时代创新方法和能力的培养

本章的主要内容为“互联网 +”时代创新方法和能力的培养，具体包括大学生创新能力的形成与原理，大学生创新能力的开发方法，以及大学生创新技巧的训练方法。

第一节 大学生创新能力的形成与原理

原理有两种解释：其一，是指为实现某一特定功能，一定的系统结构中各要素的内在工作方式以及诸要素在一定环境条件下相互联系、相互作用的运行规则和原理；其二，是指事物变化的理由与道理。

一、生理原理

（一）大脑是创新能力形成的物质基础

人类创新能力的形成首先要遵循遗传规律。遗传素质是形成人类创新能力的生理基础和必要的物质前提。它潜在决定着个体创新能力未来发展的类型、速度和水平。人们承认它，但不把它当作唯一，即“承认天赋，不唯天赋”。创新是人脑的一种机能和属性，与生俱来。

大脑是人类的创新能力形成的物质基础，是人类的创新能力发展的物质载体。离开了这个物质基础，人类的创新能力的形成和发展就成了无源之水、无本之木。

人类的大脑分为左右两个半球，左脑被称为思维脑，右脑被称为创造脑。

左脑是处理语言信息，进行抽象逻辑思维、分析思维的中枢。它主管人们的说话、阅读、书写、计算、排列、分类、回忆和时间感觉，具有连续性、有序性、分析性的功能，因此，左脑又被称为思维脑。右脑是处理表象信息，进行督促检查具体形象思维、发展思维、直觉思维的中枢。它主管人们的视知觉、复杂知觉、模型再认、形象记忆、认识空间关系、识别几何图形、理解隐喻、发现隐蔽关系等，具有不联系性、弥散性、整体性等机能，因此，右脑又被称为创造脑。

虽然大脑的左右脑有分工，但这种区分只是相对而言的。事实上左右脑的使用是相互补充、协同工作的，它们在一些具体功能上有着主次之分，两半球既各司其职，又互相密切配合，协调统一，共同完成对信息的加工处理，片面地强调左脑和右脑的二分模型，失之简化、不全，难免有偏颇之嫌。

在创新活动的准备和验证阶段，左脑处于积极活动状态并起主导作用。这时人们主要运用各种逻辑方法，寻找问题症结，并检验假设、形成概念等。在创新活动的酝酿阶段，右脑则起主导作用。新思想、新观念的产生往往不遵循固定的逻辑规律，而常常是突发性的、偶然的出现，这正是右脑的特长，右脑的想象、直觉和灵感等非逻辑功能在这一时期发挥着重要的作用。

关于左右脑思维，英国思维科学家德·波诺打了一个找水的比喻，在干旱的地方找水，一种是找一个地方不停地向下挖，挖很深的井，即垂直思维（左脑）；一种是东挖挖、西挖挖，看看什么地方有可能挖到水，即横向思维（右脑），只有左右脑协同运用效果才会更好。

开发大脑需要全脑开发。从大脑的结构角度看，是指不仅要开发左脑功能，而且要开发右脑功能，使左右脑得到协调和均衡的发展。左右脑之间的交流在几何问题解决中起着关键作用。交流区即胼胝体，发挥着信息共享、沟通与合作的重要作用。通才者容易取胜，就是说，有比较广阔的知识结构的人容易取得成功。"T"形知识结构的人指不仅要有知识的深度，要有知识的广度。通才是全面发展的人才，是全脑发展的人才。创新活动都是左右脑密切配合、协同活动的结果。

大脑功能处于何种状态取决于是否经常地使用，是否经常进行创造性的思考，是否经常地接受信息的刺激。大脑越用越灵，少用就迟钝，不用就退化。我们需要创新，创新需要认识与重视大脑开发。

（二）智力是创新能力形成的生理基础

智力是人认识客观事物并运用知识解决实际问题的能力。根据吉尔福特的研究，智力与创新能力的关系是比较复杂的，智商与创新能力的相关散点图呈三角形：智力与创造力的关系不是简单的相关；低智力的人很少有高创造力；高智力的人可能有低的创造力，也可能有高的创造力。智力是创造力的必要而非充分条件，智力是培养创造力的前提。因此我们不能认为培养学生的智力就等于培养学生的创造力，但应把培养智力作为培养创新能力的基础。

智力是一种潜在性很强的能力，它主要受各种感知器官和脑功能所制约，必须在注意力、观察力、记忆力、思维力、想象力等智力因素共同作用下，组成一定的智力结构，才能发挥作用。智力在创新能力形成过程中起着决定性的至关重要的作用。

智力是人类的脑功能、生理机制与心理机制的共同体现。智力的发生与表现是在认识过程（知）、情感过程（情）、意志过程（意）的共同作用下进行的，所以智力只能来源于人类的学习心理过程。

心灵手巧，心灵是因为手巧。知识不等于创新，创新也不等于知识，但创新必须有知识积累作为基础。因此，我们的教育应想方设法开设一些与右脑有关的课程。各类知识中蕴藏着丰富的智力因素。这些智力因素，让我们站在巨人的肩上，看得更远。这些智力因素，正是我们培养学生创新思维、创新能力的智力源泉，也是启迪我们进行创新思维和创新活动的根据。

我们之所以在学习中反对“死记硬背”，是因为要突出知识的智力因素。培养学生灵活运用所学知识去分析综合、探索联想，创造性地解决社会发展的实际问题，进行创新探索。

二、心理原理

人的心理过程（包括感觉、知觉、注意、记忆、思维、想象和言语等过程）、人格或个性（包括需要与动机、能力、气质、性格和自我意识等）都对创新能力的形成起到不同程度的作用。这里，我们主要说明以下六种形成创新能力的心理。

（一）需求

创新冲动大多产生于人的需求。创新诞生的场所是需求，而不是天才的头脑，需求是维持创造性行为的“精神能源”。需求是创新之母。需求为创新提供了线索、目标。著名心理学家马斯洛在他的“需求层次理论”里把人的需求由低到高分为七个层次，形成了一个按层次组织起来的系统。在这个系统中，从低到高的需求次序是生理需要、安全需要、归属和爱的需要、尊重需要、认知需要、审美需要、自我实现的需要。一般而言，每个层次的需求都可以激发出创新动机，良好的需求动力是推动创新的重要因素，是有志于创新的人必备的心理素质。

历史发展的轨迹印证了创新的驱动力来自社会的需求。对于社会而言，创新作为一种"社会供给"始终处于"短缺"状态，因而社会才给予创新活动以特别的支持与鼓励。但是创新本身又往往具有"离经叛道"的特征，历史上的创新活动大都经历过艰难曲折的过程，而且也不是所有的创新活动都能善始善终。因此，要使创新行为可持续发展，必须首先激发创新的冲动，并保护这种冲动，同时将其置于科学理性的计划、战略性思维决策等的目标体系之下。

（二）兴趣

兴趣是吸引人们认识某种事物或爱好某种活动的力量，它也能对人们的创新活动起激发和推动的作用。强烈而高尚的兴趣，往往会使人在研究和探索中达到一种乐而忘返、如痴如醉乃至废寝忘食的状态，即使十分疲倦和劳苦，也总是兴致勃勃、心情愉快，尽管困难重重但不会灰心丧气，也能够千方百计、百折不挠地去克服它。兴趣是在生活、实践的过程中逐步形成和发展起来的，是受社会历史条件制约的，是可以培养和改变的。

（三）动机

动机，在心理学上一般被认为涉及行为的发端、方向、强度和持续性。自身的动机主要来源于兴趣、需要、理想、世界观等，有助于创造性活动。动机为名词，在作动词时则多称作"激励"，主要是指激发人的动机的心理过程。创新活动的过程实际上也是一个不断自我激励的过程。金钱、实物等物质刺激和荣誉、地位、知识、成就感等精神刺激都会产生创新的动机。但应该指出的是，单纯地追求金钱和物质的动机是不可取的、狭隘的。

（四）情感

情感是创新活动的原动力——未成曲调先用情。情感和情绪密不可分。有效的变革没有人们积极的、富于个性的情感参与就不会获得真正意义上的成功。创新过程并不仅仅是纯粹的智力活动过程，它还需要以创新情感为动力，“思愈灵者情易深”，基于“情来、兴来、神来”，又归结于深化情感。创新思维遵循“始之于情、发之于灵、终之于神”的正向循环。积极而健康的激情能够使人产生创造性冲动，并激励人们去克服艰险、攻克难关。在强烈的情感驱动下，创新者借助脑力和体力极度兴奋、极高效率的状态，使对某一问题的探索和解决发生急剧的、质的变化，完成突破性的飞跃。

（五）想象

创新的各种机遇，只有借助幻想和想象的力量，才会和思维碰撞爆发出灵感的火花；人类的智慧，只有经过想象动力的推波助澜，才会与行为整合转变为创造性的思想。所以，人不能没有幻想和想象的能力。思维借助想象形成目标，想象推动创造向前拓展，积极的幻想和想象力是思想的翅膀。

想象力是引导学生创造性思维的源泉，人类思维中无与伦比的想象力是使科学不断进入未知领域的原始动力。列宁说：“如果一个人完全没有幻想的能力，如果他不能间或跑到前面去，用自己的想象力来给刚刚开始在他手里形成的作品勾画出完美的图景——我就真是不能设想，有什么刺激力量会驱使人们在艺术、科学和实际生活方面从事广泛而艰苦的工作，并把它坚持到底。”可见，幻想和想象，给政治家增添了彻底砸烂旧世界的勇气和力量，给科学、思维带来智慧的闪光，并赋予艺术作品以生命的活力。

（六）意志

意志表现为人为了达到一定的创新目标，自觉地运用智力和体力进行活动，自觉地同困难作斗争，以及自觉地节制自己的行为。一个心理健全的人，他的一切有目的的活动和行为都是意志活动。在创新活动中，由于奋斗的目标和方向性异常强烈、鲜明，这时候，存在着巨大的障碍和困难需要去克服，人类的精神处于高度紧张状态，在这种情况下，意志就起着非常重要的作用。没有它，艰巨的创造性活动往往难以维持下去。

约里奥·居里夫妇是人们熟知的科学家，正当居里夫妇共同进行科学探索的时候，约里奥·居里在一次偶然的交通事故中丧失了生命，这个沉重的打击使居里夫人悲痛万分，但坚强的意志动力支撑她没有被悲痛击倒，而是继续顽强地从事科学探索活动，终于在 1911 年第二次荣获诺贝尔奖。如果没有坚强的意志动力作后盾，她就不可能获得新的创造性的成果来。

总之，创新并不仅仅是纯粹的智力活动，创新能力的形成还需要以需求、兴趣、情感等心理因素为源泉，如很强的好奇心、浓厚的兴趣、良好的情绪、远大的理想、坚强的信念、诚挚的热情以及强烈的创新激情等。

三、动力原理

创新活动是由一定的客观因素和主观因素引起的，推动和维持创新过程的这些因素就是激发创新的动力来源。其实，积极良性的心理因素能够成为创新能力形成的动力，除此之外，还有一些因素可以成为创新能力形成的动力。

（一）目标动力

目标是人们在创新之路上追求的一面旗帜，创新活动都是有一定目标的行动，人们确定的创新目标，会给人以无穷的力量。目标有长期目标和近期目标之分。长期目标往往是一个人终生追求的东西，表现为雄心大志、远大理想等，它们往往给人以“上九天揽月”的远大理想和气魄，可以成为一个人经久不衰的动机和动力，推动其不断地创新和探索。近期目标则是人们在短期内所探究的课题和要解决的问题，它能激发起人们为之奋斗的热情，推动人们向前冲刺。所以说，适度的目标对于创新活动能够产生强大的推动力量，会使创新者在创新的大道上昂首阔步、快马加鞭。

马克思和恩格斯立志献身于无产阶级和全人类的解放事业，创立了马克思主义理论，为无产阶级提供了强大的精神武器。发明家爱迪生追求一种远大的目标和理想，为人类奉献了很多的新技术和新发明。他自已这样说过：“我的人生哲学是工作，我要揭示大自然的奥秘，并以此为人类造福。”[①]

（二）竞争动力

作家弗里德曼指出：创新是在竞争中胜出的不二法宝。竞争对于创新具有强烈的刺激作用，因此，许多创新都是在竞争中产生的。竞争对抗能刺激人的思维高效率运转，促使人的注意力集中、精神焕发、情绪饱满，产生激情和进取心，并能增强人的智力效能，这些都是极有利于开展创新活动的。没有竞争动力，往往会使人不求上进、缺乏活力和创造性。

在文艺复兴时期，卓有成效的竞争对抗促进了思想“碰撞”，产生了大量的具有创新活力的艺术作品。当然，有益的竞争对抗也会存在比较、鉴赏和协作，实现互利互惠、共赢发展。

在体育比赛中竞争动力表现得最为明显，它使竞赛双方处于“临战状态”，每一项新纪录都是一个创造，从而极大地调动了创新的活力，有力地推动了体育的发展。例如，我国工业企业过去一度处于经济体制上的弊端，缺乏竞争动力，从而影响了产品的创新。实行经济体制改革以来，竞争动力推动了新技术和新工艺的发明、推广和使用，于是新产品层出不穷。可见，竞争动力的确是创新活动的“加油站”和“推进器”。

（三）方法动力

方法动力是说掌握了一套创造方法，取得了初步的成功后，就更想进行创造。创造方法不失为一个感知事物的基本途径，它为创新思维和创新能力培养提供了动力。目前，世界上的创造方法已有 300 多种，那些通过创新方法训练的人，也大大提升了创新能力。美国通用电气公司长期坚持“创造力工程”的培训，他们所得出的结论是：“那些通过创造力工程训练的员工，发明创造和获得专利的速度，平均几乎要比未经训练的人高出三倍。”

---

① 李青．现代性视角下美国非正式科学教育发展研究 [D]. 成都：四川师范大学，2021.

四、环境原理

马克思说：“人创造环境，同样环境也创造人。”① 如狼孩卡玛拉和鸡孩的故事。

人生活在鼓励创新、受到尊重、心情舒畅的环境里容易进行创新。与此相反，人们在生活压抑、受到歧视、心情郁闷的情况下就很难进行创新。环境优劣影响着个体创新能力的速度和水平。美国的加利福尼亚大学的科研小组通过实验发现，小白鼠的脑部结构受生活环境好坏的影响。实验者把小白鼠分为两组，一组放置在没有任何东西的“单调环境”里；一组放置在到处是小白鼠喜欢的游戏用品，如滑梯、转轮、秋千等，这样一个“丰富环境”中。经过一段时间的喂养发现，生活在“丰富环境”中的小白鼠，它们的大脑皮层在厚度和重量方面，相较于生活在“单调环境”中的小白鼠有显著提升。并且，在学习能力、适应陌生环境等方面也取得了显著进步。

创新环境与大学生的创新能力的形成有很大关系，良好的创新环境，包括大学生成长的家庭生活环境、学校教育管理环境、社会影响环境等。

（一）家庭生活环境

家庭是一个人成长的摇篮。大学生生活成长的家庭氛围、家长的态度，对他们的创新能力的培养具有“顺水推舟”或“逆水翻舟”两种截然不同的效果。在创新型国家的建设中，家庭要承担起对创新人才的教育责任，并与学校教育配合，共同为培养符合国家建设和发展需要的具有创新能力的人才而努力，并发挥其应有的作用。

创新能力不仅表现为思维独创性、灵活性、流畅性、精密性品质的发展，更表现为创造性个性中好奇心、想象力、挑战性、冒险性品质的发展，特别是常常会有将大胆的设想付诸行动的实际行为。这种行为更容易在家庭环境中得到有效的培养或发展。

① 马克思，恩格斯．德意志意识形态（节选本）[M]．北京：人民出版社，2018.

1. 良好的家庭氛围是创新能力形成的重要支撑

良好的家庭教育对人的一生发展具有不可磨灭的影响。在一个家庭中，如果民主氛围比较浓厚，父母更自信，在和子女的日常相处中，较少使用家长的权威身份，而是鼓励孩子有自己的主见，父母与孩子之间关系融洽，就有利于增强孩子的创造性。反之，过分专制的家庭，家长用简单粗暴的方式来教育子女，孩子不敢违抗父母的命令，则不利于发挥他们的创造性。

家庭最容易也是最可能形成民主、和谐、宽松的心理环境和氛围的，这种环境和氛围对于一个人形成自信、有责任感、自主、独立的人格特质大有裨益。而这种独立、自主的人格特质，有利于创新愿望的产生和创新活动的进行。民主、和谐、宽松的心理环境和氛围主要包括情感氛围、民主氛围、秩序氛围和文化氛围等。具体地说，良好的情感氛围使家庭成员感受到亲情的温暖和家庭的温馨，使人的心理和品德得到健康良好的发展。家庭中民主的氛围让家庭成员的精神放松，人格受到尊重，能够很融洽地交流与沟通，容易形成乐观、开朗、活泼的性格，以及广泛的兴趣。家庭中良好的氛围和秩序，可以帮助家庭成员养成自理的生活习惯，良好的学习习惯，高度自制、认真负责的行为习惯。良好的文化氛围，还能启迪家庭成员的智慧，拓宽文化视野，增强审美情趣，推动认知能力的培养。可见，良好的家庭环境氛围是保证家庭成员身心健康成长的基本条件，也是孕育创造心理活动产生的必要条件。

2. 家长的文化素质和教育方式对创新能力的形成影响很大

家长是孩子的启蒙老师和人生导师，因此，要承担培养其创新能力的责任。

首先，家长要尊重子女好奇心和兴趣的发展，并对其予以爱护、鼓励、支持。好奇是人类的天性，是智慧的萌芽。被激起的好奇心很容易转化为兴趣，尤其是在认知方面，会激发人们的求知欲望，产生积极思考、探索的行为。这种积极的思考，才能促使人产生创造性思维。家庭在培养青少年的创新能力方面，需要保护好孩子的好奇心、想象力，尊重孩子的兴趣爱好。

其次，家长要重视子女创新品格的培养。家长要学会欣赏自己孩子的优点和长处，要善对他们的大胆质疑，要教育他们逢事多问一个"为什么""怎么样"，学着自已拿主意、自已做决定，不依附，不盲从，逐步养成自主、进取、勇敢和独立的人格。家长要针对孩子的能力、性格、志趣等具体情况，给孩子的发展以帮助和引导。

此外，家长要支持、鼓励孩子参加科技创新活动。无论是孩子对课堂科技活动内容的兴趣延伸，还是孩子别出心裁的奇异想法，只要孩子想尝试或探索一些科技小制作或小发明，家长都要对孩子的这些行为予以支持，甚至帮助孩子把这些想法付诸实践。只有鼓励创新，才可能会调动人创新的积极性，创新型人才才会涌现。

总之，家庭是孕育创新能力发展的有效场所，个人的成才与家庭所进行的积极教育是分不开的。大学生创新能力的形成，家庭教育作为一个需要被放大的因素，应该越来越引起人们的重视。

（二）学校教育管理环境

构建和完善学校教育管理环境，是关系到学生创新能力培养的一个关键因素。教育本身也需要创新，教师要有创新的意识，转变以往以传授知识为主的方式，注重培养孩子们的创意意识与实践能力。在教学理念和教学方式等方面进行大胆突破，树立起适应时代发展的教学原则。

1. 树立正确的创新教育理念

每当说起创新教育，人们常常会联想到一些脱离教材的行为，如，鼓励学生课外的小发明，或者使学生随心所欲地思考，发表离奇的意见，认为这便是创新。事实上，每一个合乎情理上的新发现、匠心独运、观察角度独特等，均属创新之举。个体在解决某一问题时有没有发挥创新性，关键不在于解决方法是否被人提出过，而是在于它的解决方式对此人而言是否是新颖独到的。创新思维和创新能力是学生必备的素质之一。教师可以通过对教材的挖掘，有效驾驭教材，将符合时代发展的新知、新的问题引入课堂，与教材内容有机融合，引导学生重新主动探索，使学生掌握较多方法，进一步学习，发展学生创新能力。

2. 尊重和发展个性化教育

个性是指在特定社会环境与教育模式中所形成的比较稳定的个人性格，就是个人不同于别人的独到之处。了解教育目标中的差异性，注重发展学生个性，针对学生不同的情况与特点，因材施教，这是现代教育中的一项重要工作。

个性化教育体现在两个方面：其一，教育必须遵循“以人为本”的理念，应注重塑造学生的人格，全面提高学生综合素质。通过教育的助力，促进学生素质结构的优化，培养和发展学生的个性。其二，它强调了人们自我实现和个性优势的发展，注重开发学生潜在的创造能力。创造性和个性是紧密联系在一起的，只有充分发挥个性，才能发展创造力。

进行个性化教育时，一定要处理好下面四种关系：

（1）发展个性和加强“双基”的关系

只有具备了基础知识和基本技能，才有可能形成丰富多彩的个性。

（2）培养个性与培养创造能力的关系

个性化的教育一定要好好落实知识、技能教育和培养创造力三位一体，以注重创造能力培养为核心。应将培养个性和发展创造结为一体，发挥学生个性，从而使学生创造能力得到较好的发展。同样也要对创造力的发展给予足够的重视，反过来促进学生个性发展。

（3）发展个性与培养集体精神的关系

鼓励学生张扬个性的同时，一定要重视集体精神和团队合作意识的培养；培养学生为人民服务的意识和遵纪守法的意识；遵守社会道德规范的意识和尊重不同、包容他人的意识。

（4）强调个性化与面向国际化的关系

培养学生站在国际视角看问题，了解多元文化的能力，既可以立足于本国传统，又具有放眼世界的心胸。培养学生个性，从本质上来说是对学生先天潜力的尊重，尊重学生的个性爱好以及发展自我的渴望。新时期的高等教育，就是要给学生解放思想、自我定位、开发潜能、发展个性、提供巨大精神动力。同时，根据不同专业培养方向，在推行个性化教育的今天，有针对性地帮助学生树立各种正确的观念，如世界观、人生观、价值观、专业观和人才观，从根源上找到有利于创新个性培养的方法，培养学生良好的思想道德品质。

3. 建立和谐的师生关系

教师在建立师生关系中起主导作用。和谐的师生关系要民主平等、宽松融洽。教师要改变以自我为中心的观念，改变教师为主体、少数学生是主角、其余学生为听众的教学模式。建立先进教学观，坚持民主的、尊重学生个性发展的教学原则，积极营造轻松、和谐、民主的课堂新氛围；消除学生回答问题的紧张感，鼓励学生敢于提出问题、发表见解和疑问，引导学生在疑问中寻找答案，培养创造性思维；以课堂教学为中心，营造使学生获得最佳发展的学习环境，发扬人的主体性，激发学生自我教育、自我发展、自我评价的内在动力，促使学生有意识，积极主动地参加学习与实践，不断发展。教师为学生创新能力形成创设氛围等具体策略如下：

（1）应该让学生有属于自己的天地

教师培养学生的创新能力要留有余地，让学生拥有独立人格空间和独立思维空间。

（2）应该让学生有选择机会

这既包括对认识过程的选择机会，也包括对参与过程的选择机会。

（3）应该让学生有展示的机会

展示机会包括：展示专长的机会、显示能力和创造性成果的机会。只有持续改善组织的文化环境才能发展学生创新人格品质。

（4）要给学生一个合作的机会

教师要积极创设宽松氛围、竞争合作的班风，让学生在班集体中多向交流，取长补短，团结协作，特别是要设计集体讨论、查缺互补、分组操作等内容，锻炼学生的合作能力和集体创新能力，并将责任确定到每个学生，最大限度地调动学生潜能。

（5）要给学生一个质疑的机会

教师在教学中应鼓励学生寻找问题所在，用深度语言创设情境，启发学生突破思维定式，用特有的视角质疑，激发学生批判性质疑，并大胆实践，加以印证，寻找解决之道。

4. 开辟丰富的第二课堂活动

以课堂教学为主要阵地，实施创新教育。通过课外活动，对大学生进行创新教育，培养他们的创新能力。高校应积极扩大第二课堂，将课内知识与课外实践融合起来，使学生在实践中获得创新成果。培养学生的动手能力，培养综合素质。通过不同的实践活动，使学生个性得到不同程度的发挥。例如，开设“第二课堂学分”，为激励学生勇于创新，每个专业都设置了讨论课和研究性课、创业训练课和其他特色课程。以学年为单位，开展学术节、科技节；经常组织各类技能和创新设计大赛，在校内外举办各类知识技能比赛等活动，组建学生科技兴趣小组及相关社团。结合学校教改课题，使学生能够参与和进行项目教学活动，给学生提供一个更加广阔的科研训练空间与机会平台，来发展学生个性，发挥学生创新能力。

5. 激励学生大胆探索

学校和教师要充分利用榜样激励、前景激励、参与激励、表现激励、竞争激励、成功激励等教育激励方式。同时，教师要鼓励学生“标新立异”“无中生有”“异想天开”“纵横驰骋”，从而培养学生勇于探索、敢于创造的独创精神。

（三）社会影响环境

社会的价值体系影响着社会成员的价值取向，而社会环境对于个人成就的承认，又常常左右着人的发展方向。

从社会支持系统看，无威胁的气氛能够鼓励构想新答案。社会大环境给人创造了有利的、宽松的氛围，能够促进个体个性的发展，实现个性的多元化。扩大个体思维多极化发展，促进个体认知多维化构建，有利于个人创造性的培养，形成一个共同支持系统。

从人文评价系统看，社会的人文思想、价值评价会不同程度地影响个体的价值取向。对待创新性的人才，需要从价值导向上、文化观念以及行为评价上，给予其更广阔的发挥创造空间，帮助他们实现自己的创新力量，成为社会进步的挑战者和引导者。从个体自身潜质看，心理学研究表明，知识随个人的成长而逐步丰富，潜质却随年龄的增长而减退。社会环境应最大限度地激发个体潜在求索创新的创造性、独立性、驱动性。人才的类型千差万别，个体间所具有的潜质也迥然不同，调动个体潜质有利于依据其自身特质，进行个性化培养，加速创新人才的塑造。

从道德品质培养看，培养一个人的创新能力，需要培养其观察力、记忆力、思维能力等智力因素，另外，还需要培养其理想信念和道德品质等非智力因素。非智力因素往往易被人们忽视，实际上对人的后期成就具有十分重要的意义。一个品质优良、道德高尚的人创造的必将是造福于人类、推动社会进步的新事物。所以在培养创新人才时，整个社会一定要注意培养他们的良好品质，让他们去感受历史上各个时代涌现出的科学精英，淡然面对个人的名利与得失。社会要有正确识别科学与伪科学，不制造歪理邪说的氛围，只有这样，人们才能用自己的创新能力和智慧去创造出更多的社会精品，成为对国家、对社会有用的创新型人才。

总之，创造有利于创新能力形成的家庭、学校、社会的教育环境，才能培育有利于创新人才生长的沃土。

五、实践原理

（一）创新之根在于实践

实现创新能力的必要途径是实践。同时，实践也是衡量创新水平和成果的最重要的方式。创新水平，要通过创新实践才可以获得发挥的机会，实践是创新思想变为成果的唯一的途径。

人改造实践的活动是一种创新活动。要通过实践，才能够将创新意识变为现实存在的物质，而创新能力也是在实践中不断积累而成的，实践是创新能力形成的关键，同时也是检验创新成果的唯一准则，认识离不开实践，实践是启化之源。达尔文若没有跟随海洋考察船进行连续五年的考察活动，就不可能有进化论的产生；居里夫人没有观察到矿石的特异射线，就没有镭的发现；马克思、恩格斯没有经过大量的社会调查研究和革命实践活动，就不会有《资本论》，就不可能产生马克思主义。一定的创新能力只有在实践中才能逐步培养与形成。如游泳，仅靠学习游泳的理论与方法而不反复下水锻炼，就不会掌握游泳的本领，也不可能打破世界游泳纪录。又如建筑设计，如果仅仅学习设计理论，而不反复进行设计方面的训练，不可能成为真正的建筑设计师，更不可能有建筑设计方面的创新。不同领域的创新成果都与不同形式的实践活动密切相关。朱熹说：“问渠那得清如许，为有源头活水来。”没有实践，没有实践能力，就没有创新，就没有创新能力。注重实践是许多创新型人才所具备的优良品质。

（二）实践动机推动创新实践

实践动机是一种内在心理过程，或者说内部动力，由实践目标（对象）激发和引导形成。适当的动机推动，可帮助提高工作效率。人们的实践活动，首先受实践动机的支配，它给个体的实践活动按下了激活键，有着引导、维持、调整实践活动的功能。实践动机由三方面构成，分别是实践兴趣、实践的成就动机和实践压力。

实践兴趣是促使个体开始实践活动的心理动因。实践兴趣一旦形成，就给个体的情绪带来积极的促进作用。将兴趣变成实践，也能促使好奇心的满足。所有健康的生活、生产方式，社会性实践兴趣都可以激发个体实践能力的进步。

实践的成就动机指的是个体想要进行有挑战性的、有一定意义的实践活动，并期望能够在实践中取得理想的成绩，能够超越他人。实践成就动机越强烈，目标制定得越高，个体在实践活动中就会更有动力，努力取得更好的成绩。实践动机的实现，可使个体获得成功的喜悦感。因此，教育者要善于协助学生实现梦想，分享他们成功的喜悦。

实践压力是指在外界因素的压力下，个体要参与实践活动。实践压力的特点是，它并非个体内在的动力，而是有一定外在性和情境性。但如果运用得恰当，是可以转变为个体内在实践动机的。

实践动机的三个方面中，实践兴趣和实践的成就动机起到了主导作用，实践压力也可以引发个体参与实践活动，但只有当它转为个体内在的兴趣和动机时，才可以激发个体参与实践活动的主动性和长期性。适当的实践压力是有必要的，个体可以按照某些要求开始参与实践活动。如果个体处于过度自由状态，而且没有社会实践经验，一般很难产生强烈的意愿去参加实践活动。

因此，人们可以说实践动机是个体开始创新活动的动力，它让个体把对目标的实现，由外部的压力变为内部的动力。实践动机发起个体实践创新活动，并推动着它不断发展。如果没有实践动机，个体从一开始就不会进入到创新实践活动中去。实践能力也是在实践活动中产生并发展起来的，因此，如果没有实践动机，个体的实践水平也注定是不高的。所以，要想培养个体的创新实践能力，就要先培养良好的实践动机。

（三）创新实践促进社会进步与发展

鲜明的实践性是创新的一个重要标志。只有勇于实践，大胆创新，从实践中总结新经验，提出新观点，拓展新视野，才能开辟率先发展的创新与成功之路。人类社会的历史就是一部创新史，也是一部实践史。马克思认为人类实践活动有三种最基本的形式：物质生产实践、社会交往实践、精神生产实践。物质实践是所有实践活动的基础，它在人类产生之初就开始了，物质实践指的是人类利用工具来改造自然，以期获得基本的物质资料的活动，物质实践是人类社会存在和发展的根本。社会交往实践就是建立和深化人与人以及人与社会之间关系的实践活动。它包括物质交往、政治交往和精神交往三个方面。精神生产实践是处理社会意识和社会存在之间关系的实践活动，它将物质生产和精神生产紧紧联系在一起，以文字、数字或者艺术语言为工具，记录和反映物质实践活动。从人类实践活动的三种基本形式中延伸出了人类实践活动的三种高级形式，分别是科技创新、制度创新、文化创新。科技创新属于物质生产实践，是人类研发新的设备和技术，取代旧的设备和技术；制度创新属于社会交往实践，是人类社会在发展过程当中，产生了新的制度和人际交往关系规范，取代旧的制度和规范；文化创新属于精神生产实践，文化创新是人类在认识及改造世界的实践中，获得的新的思想、新的观念与新的方法，是对旧知识、旧思想、旧观念的一种超越和摒弃。

1. 科技创新实践是推动社会发展的根本动力

社会生产力的发展，关键要靠科技创新。人类社会经济要想获得长远的跨越式发展，离不开科技的创新。目前，与发达国家相比，我国还有许多有待追赶和提高的地方。最关键的还是提高生产力的发展水平，以及提高工业化和信息化水平。

2. 制度创新实践是实现社会变革的直接动力

人类社会结构主要由经济结构、意识结构、社会政治结构三方面组成。社会政治结构的根本内容便是制度，它是社会发展的重要保障。完善且合理的制度，能够促进人类社会的稳定和进步，反之，就会对社会发展产生阻碍。所以，要进行制度创新，以解决阻碍生产力发展的旧制度，为生产力的进步提供必要的前提和保障。

3. 文化创新实践是促进社会进步的精神动力

根据人类社会发展的历史，我们认识到，国家和民族的进步需要有物质和精神的双重保障。特别是民族精神，它为国家和民族持续发展提供精神力量。一个国家，若缺少积极奋进的民族精神，缺少坚忍不拔的民族品格，缺少民族凝聚力，就不可能在世界民族之林中脱颖而出。所以，我们应该立足于中国文化建设的现状，汲取本民族文化和其他民族文化中的优秀部分，弘扬本民族优秀文化传统，将其和外来优秀文化相融合，并在此基础上根据时代发展要求不断创新，给中华民族精神注入新的思想活力，创造出更适合时代发展的新的民族精神，增强民族精神力量，最终实现我国的伟大复兴。

总而言之，因为有了实践的推动作用，人类社会才得以不断发展和进步。创新实践证实：只要实践没有停止，创新和创造就一直在发展，没有终点。创新能力是能够在实践活动中不断得到提升的，伴随着实践的完善而不断增强，并且它本身也是一种创新实践活动。

第二节　大学生创新能力的开发方法

社会创新文化、创新环境、创新机制十分重要，但作为社会中的成员，更重要的是提高独立自主开发的意识，把个人的创新潜能转化为创新能力。

一、自我创新能力的开发

（一）自我创新能力的两个方面

1. 自我表象

自我表象，又称心理表象，这个概念的确认和运用，是 20 世纪心理学对人类做出的最杰出的贡献之一。自我表象就是指一个人采取关于自身的信念系统和它所产生的对等的思维形象。全部的思维，都产生于自我概念，而反过来又形成自我心理表象。

人人都有提升自我表象的能力，这种能力来自人的本性，但是由于很多人没有认识到这一点，他的创新能力就不可能发挥出来。

教育学家普雷斯哥特·莱克是第一个认为自我表象的增长是一种提高个人表现手段的人。他认为有的人之所以平庸，是因为他们有一个导致失败的自我表象，不是因为他们缺乏能力。莱克进一步解释，自我表象是“大脑细胞的核心，是个人的自我思想和自我概念，如果一个新的想法与系统中已经存在的想法一致，而且与个人的自我概念一致，它就会很容易被接纳和吸收。如果它看起来不一致，它就会遇到抵制，并可能被拒绝”。

自我表象的另一面是对“理想自我”的思考。人们希望成为什么样的人，具有什么样的品质和能力，它通常是我们成长过程中知道的某个人，即我们最崇拜的人的组合。

大脑中自我的位置和形象是开发自己潜能的决定性因素，我们每一个人实际上都比自己想象的要伟大得多。优质的自我表象不管创新者的出身、现状如何都会引爆出巨大的能量。反之，劣质的自我表象，创新者的条件再好，学历再高也不会有什么作为。

2. 自我精进

自我精进是管理者进行创新的一个基本素质。根据心理学的研究发现，当个人面对问题时，若无法有效地厘清问题产生的原因，或是对解决问题束手无策时，内心就会产生压力，因此管理者必须具备保持冷静思考的能力，让自己的心境可以得到纾解并保持平静，才能避免让自己陷入窘境。

（二）创新能力的自我开发步骤

1. 克服思维定式

思维定式是指人通过长期经验积累及知识学习，形成的一套固定的思考问题的方式。对于解决一般的问题，思维定式是快速而有效的；但对于解决新问题，思维定式有时候会成为阻碍。突破思维定式的方法有以下几种：

（1）要有创新意识

创新意识表现为决不满足于现有的东西，哪怕它在目前看来还很完美，而应该对现有的东西不断加以改进，探索创造出更新的东西。与那种小胜则喜、故步自封、保守自大的观念决然相反，创新意识是一种强烈进取的意识，积极主动寻求变革，对新事物、新技术、新理论怀有浓厚的兴趣和敏锐的嗅觉，善于吸取并接受最新的技术和方法。

（2）大胆质疑

巴尔扎克说：“打开一切科学的钥匙毫无疑问的是问号，我们大部分的伟大发现都应归功于‘如何’，而生活中的智能大概就在于逢事都不得不问个‘为什么’。”① 思维是独立自主的，不能产生依赖以往经验和他人经验的心理。

① 罗雄. 高等学校时代新人培育研究 [D]. 湘潭：湘潭大学，2020.

（3）立体思维

人们应该利用多维立体的思维看待问题，从宇宙观、环球观、宏观、中观、微观等角度认识事物。事物不分大小，都是立体存在的，我们在分析时，也应充分发挥空间想象能力，立体地看待它们。

（4）暂时抛开书本

贝尔实验室告诉我们一个重要经验：研究新课题时，先不去查找资料，而是自己去摸索和实践，这样就能避开结论带给我们的思维局限。

（5）建立自己的原则

在解决问题的过程中，树立自我的原则，不必受条条框框约束，就能化难为易，实现目标。

（6）多角度思考

对于同一事物，开辟新的角度重新认识，就有可能发现新的问题，或者得到新的思考路径。

（7）模棱两可思考法

开展创新活动时，没有必要追求唯一的答案。有时候，答案的非清晰性、多样性反而给人们留下更多思考空间。

（8）求异思维

从逆向角度，做出非常规性的思考。

以上八个方面可以帮助我们破除思维定式，使我们的思维具有创造性。

2. 创新精神

创新精神包含着不进则退的人生哲理，表现为一种强烈的进取思维。主要体现在以下几个方面：

（1）首创精神

创新首先表现在首创精神。首创精神就是要有敢为天下先的魄力，有了这样的魄力，创新才有了灵魂支撑，不然再好的方法也不行。

（2）进取精神

进取精神就是勇于接受挑战的精神。进取精神的前提是要有野心，野心反映了某个人有明确的目标，为实现目标努力进取的姿态，以及不达目的不罢休的信念。进取精神中包括革新意识、成就意识、开拓进取意识、竞争意识等。

（3）探索精神

探索精神，首先体现在强烈的好奇心，其次是对真理的不懈探索。同时，探索精神也体现出强烈的求知欲。求知欲的满足，需要依靠顽强的毅力和拼搏精神才能实现。

（4）顽强精神

马克思曾经说过，科学之路是曲折的，在探寻科学的路上，必须勇于攀登，才能到达光辉的顶点。创新精神中包含不怕困难、不畏艰险的精神，只有百折不挠，抵抗压力，才能获得创新成果。

（5）献身精神

爱因斯坦说：“每个人都有一定的理想，这种理想决定着他努力和判断的方向。”一个人的成功需要通过后天不懈努力才能实现。成功的关键是要有核心的信念，并有一定献身精神。几乎所有的成功者，都是拥有着崇高的理想和献身精神，杰出者与普通人拥有同样的时间、机会和潜能，不同的是，两者在开发潜能、利用时间和对待机会上有着不一样的心态，才造成了奋斗结果的千差万别。

（6）求是精神

实事求是的本质就是科学精神。我们提倡的创造精神，既不同于墨守成规，又不同于乱撞乱碰。人们越是能够实事求是，思想行动越是合乎实际情况和客观规律，就越能发挥创造精神。有了实事求是精神，就可排除一切干扰，向着既定的目标奋斗。

3. 培养自我的创新品格

要培养自我的创新品格，我们可以从以下四个方面入手：

（1）自信心的培养

①通过一定心理暗示，提高自我心理素质。要想做到这点，一个效果不

错的方法就是制定一个积极的、朗朗上口的、明确的口号，并常常默念。法国著名的心理学家艾米尔·古埃开创了自动暗示心理学说。他曾写下过这样一句话：新的一天，我生活中的每一面都越来越好。我们也可以把他这句话拿来，每天重复多次，带着强烈的积极心态和信念鼓励自己，每天坚持这么做，一定会有所成就。心理学家认为，一个简单的口号不可能在短时间内给人带来改变，虽然不要将成功看得那么简单，但是如果每天能坚持积极自我暗示一定会有所收获。

②改变自己、分析自己。世界上最困难的事恐怕就是自我改变，改变自己其实是对自己外部世界的改造，这一切都要从自身做起。第一，要明确自己要读什么书。一般来说，成功人物的传记和一些励志书籍能够给予人们力量，找到改变自己的信息和勇气。许多成功人士都曾经历过挫折、灰心、失望，更有甚者还有过自杀的念头，如，《钢铁是怎样炼成的》一书的作者奥斯特洛夫斯基，曾经一度感到绝望，想开枪结束自己的生命。最后，在信念的指引下克服自身肢体残缺产生的自卑感，为了激励其他像他一样的青年，写下了这部不朽的著作。第二，要明确自己跟什么样的人交往。接触成功人士，学习他们自强不息的奋斗精神，也会使自己获得极大的信心和理想信念，更有助于自我成功品质的培养。

③树立必胜的信念。创新者需要树立一个核心的信念。如果创新者树立了这样的信念，并将其时时刻刻刻入自己脑海中，创新者的思维方式就会是积极向上的。核心信念会使得创新者拥有优质的自我表现，这也是创新者所必须具有的东西。

（2）树立民族责任感和强烈的事业心

鲁迅先生最开始学习的是地质学，后来因为看到病人的痛苦，立志拯救他们，远赴日本学习医学。当他看到国人以看热闹的心态，围观日本人砍同胞的头颅，意识到国人最需要拯救的是精神，强烈的民族责任感，令他毅然决定弃医从文，想要"唤醒民众"。他笔耕不辍，最终成为伟大的爱国文学家。蔡希陶先生是我国著名的植物学家，最初他是非常喜欢小动物的，但是当他被安排研究植物学时，虽然内心有些不情愿，还是投身到了工作中。后来，他发现特别是看到英、法、德、美等国家多次派专家到云南采集植物标本，强烈的民族责任感和知识分子的使命感，让他对植物学研究产生巨大的兴趣，最终在这个领域做出令人瞩目的成绩。在实际生活中我们大家都可以找到自己的兴趣爱好，每一个人的兴趣爱好都不一样，所以人们要发掘自己喜欢什么，想干什么，把这种思想加深，成功的那一天也就离你不远了。

（3）强化培养兴趣的主观意识

不同的学科和技术有着不同的魅力，都是值得仔细研究品味的。只要体验到研究的乐趣和其内在美，就会产生浓厚的兴趣。人对越感兴趣的东西，就越觉得有吸引力，自然会对接触的事物产生兴趣，形成创新的思想基础。

（4）经常保持好奇心

强烈的好奇心是创新的开始，好奇心可以使人产生探究的兴趣，并推动创新的发生和发展。实际情况是，人们很容易产生好奇心，却很难将其保持下去。因此，培养兴趣的一个很关键的因素，就是将好奇心保持下去。创新包含三个过程：第一获取知识，第二发展能力，第三形成良好的品质。对于形成良好的品质，好奇心所起到的作用十分关键。培养好奇心的方法主要包括以下五种：

①选择适宜的环境刺激。人类周围的环境刺激是丰富多彩的，在学习中选择适宜的环境刺激主要是学习观念转变的问题。问题是好奇的“心”，只要可以激发好奇心，选择适宜的环境刺激的空间是巨大的。

②学会自己探寻答案。对新鲜的事物产生了好奇心，要积极引导他们继续深入思考，探求答案。多参加不同的能够引发好奇心的活动。

③可以充分运用各种感官，自己观察，自己动手操作，体验自我成就感。

④培养好问的习惯。产生了好奇心，自然会产生疑问，从不一样的角度出发思考问题，常常会获得新的突破。对事物的好奇和质疑，才能生出“问题”，而要使问题具有更多的科学价值，则还需要进行一定的引导。

⑤培养好奇心的新理念，不仅要“释疑、解惑”，而且要启思、设疑，引

而不发。“释疑、解惑”不是将所有问题讲清楚，而是要在疑问的基础上，引导向更深的层次思考，必要时还需“设疑”，一定不要掩饰对问题的失察和无知。创新人才的产生，需要十分自由、宽松的探究问题的环境，不能让问题（思考）止于自己。

创新、创作、发明所拥有的魅力是巨大的。克鲁特金曾经这样说过：“一个人只要一生中体验过一次科学创造的欢乐，就会终生难忘。”[①] 创新能够带人进入一个全新的境界，使自己的人生变得更加充实和快乐。通过创新活动，还会启迪创新者的思维，在创新过程中不断提升自己的能力，特别是当创新活动取得了巨大的成功，获得了创新成果，创新者的世界观、人生观、价值观也会从本质上发生改变。

4. 意志品质的培养

意志品质是创新者难能可贵的品质之一。它能够使人们保持毅力，坚持不懈地从事创新活动，是一种勇往直前、顽强拼搏、克服困难的心理能力。英国作家狄更斯说：“顽强的毅力可以征服世界上任何一座高峰。”[②] 由此可得知，意志力是创新者必不可少的心理品质。要想培养意志品质，我们应该从以下五方面做起：

第一，建立一个远大的目标，并为之奋斗。

第二，通过创新活动实践，锻炼个体的意志与品质。

第三，了解自己独特的意志品质，并有针对性地进行锻炼。

第四，遵守纪律，并在此基础上形成自我的约束力，加强自律性，并对自我行为进行规范。

第五，经常性地参加可以磨炼意志的体育活动。例如，长跑、徒步、游泳、爬山等等。在体育锻炼中，培养战胜困难、坚持到底的意志品质。

5. 质疑精神的培养

创新的智慧来自质疑，以及产生和提出问题，多问一些“为什么”。只

① 丁栋虹 . 创业学 [M]. 上海：复旦大学出版社，2014.

② 李兰，高凤敏 . 新时代大学生素养研究 [M]. 北京：中国政法大学出版社，2020.

有这样，才能将创新的欲望激发出来，进而产生创造性的实践活动，培养创新能力。杰出的创新者之所以能成功，是因为敢于想人不敢想，疑人不敢疑，做人不敢做。他们成功的经验告诉我们，质疑是培养独立思维的基础。要培养质疑精神，我们可以从以下四方面开始：

第一，培养自信心。当一个人拥有足够的自信时，才敢于独立思考，才敢于质疑传统、质疑权威。不自信的人，只会盲目听从别人，迷信权威，甘愿做一个平凡的顺从者。

第二，保持注意力。智力的一个重要组成部分就是注意力。根据心理学的研究，有意识的记忆要优于无意识的记忆，所以，保持高度的注意力，才能够有效地分析和解决问题。

第三，碰到问题时，要从不同的方面、不同的角度来分析。

第四，坚持自己的见解，在没有论证发现问题之前，不要随波逐流，轻易否定自己。

（三）培养创新能力的途径

能力需要教育、培养、训练、磨炼和激励，创新能力更是如此。根据以往的摸索、实践和总结，可以用四个字予以概括，即“学、练、干、恒”。

1. 学

学习创新的基本知识，培养创新动机，提高责任感，增强自我表象。杰出的伟人、发明家、科学家、改革家之所以能够取得常人不能取得的成就，是因为他们拥有特别的思考方式。他们与普通人的区别在于，一个拥有创新性思维，一个完全是遵循经验和传统的常规思维。创新思维并非凭空产生，而是可以学习和训练的。通过日常的学习训练，将创新思维方式深深植入自己的思维中，形成一种思维模式。

学习并掌握常用的个体创新技法和群体创新技法。方法是关键，采用了什么样的思维方式和方法就决定了创新者有什么样的结果。从某种意义上讲，社会的发展，取决于方法的进步，而个体与群体的创新技法是创新思维转化的工具。在什么情况下，面对什么样的问题，选用什么样的创新法会决定创新活动的速度和获取创新成果的频率。

2. 练

创新思维需要学习，想要成为一个拥有创新能力的人，日常的训练也是很重要的。将学与练结合起来，不断刺激大脑，使大脑更加灵活。

训练的内容包括：想象力、发散思维能力、联想能力以及变通能力等。练习创新的构想时，先要从“量”的积累做起，再在“量”的基础上求“质”。这是因为，创新性的构想常常是从无数个构想中生成的。

3. 干

干就是实践，就是运用创造性的思维、方法来解决问题。同样的事物，用创新性思维去思考，就会有新的发现，解决一些从没被发现过的问题。比如，在日本，有一家柴油机厂为了企业的生存和发展，曾经开展了“一日一构想”活动，鼓励员工用创新性思维发现问题。原计划每个员工每年提出一百条有价值的构想，结果每名员工提出新构想达到三百条以上。通过这项活动，该企业的经济效益以每年 1/5 的速度递增，企业得到迅猛发展。

4. 恒

恒的意识使创新活动常规化、制度化。将创新活动看作一项长期任务，认真地做精做好。对于企业和教育界来说，生存和发展是不变的道理，做到这点，就必须做到创新，没有创新就意味着灭亡。

二、预测决策能力的开发

预测决策能力，是现代管理者要进行创新所必备能力中的核心能力。

（一）预测能力

预测能力指的是通过科学分析，对未来发展做出预估。预测是做出创新决策的基础和前提。想要创新决策更具有科学性，要做好科学的预测。预测技术指的在调研历史与现状的基础上，通过客观分析和主观判断，对事物的发展方向、发展进程、未来的结果进行的预测或者推断，并为决断提供科学依据的技术。

超前和预见意识的本质就是创新。谁的超前意识强，科学的预见能力强，谁的创新性就强，就能在社会的激烈竞争中争取主动，获得成功。

（二）预测方法的内容

1. 预测方法

预测有两种方法，一是定性法，二是定量法。

①定性预测偏重质变的预测，预测未来事件发生的可能性。定量预测偏重事件的量变，预测事件未来发展程度。主观预测多数情况下是定性预测。在实践中，大部分时候采用定性与定量相结合的方法。

②从方法上来说，定性预测采用的方法一般有：专家调查法（特尔斐法）、想定情景法、主观概率法、相互影响分析法和对比法等。定量预测采用的方法一般有：对比法、趋势法、相关因素分析法（如回归法、弹性系数法）、原理模型法和平滑法等。

2. 预测实施步骤

①确定预测的任务，抑或是目标。

②明确预测的时间段。

③了解所预测事物的发展规律，掌握与其密切相关的数据、资料信息，找到曾经发生过的偶然事件，预测将来偶然事件发生的概率。

④寻找最适合的预测途径与预测方法。

⑤做好恰当的预测模型，预测模型分为概念性预测模型、结构性预测模型、系统性预测模型。

⑥对模型的内部要素，以及它们之间的关系进行分析。

⑦对模型外部要素，以及其想定情景进行分析。

⑧实时预测。

⑨分析预测结果的灵敏度。

⑩分析与评价不同方案预测结果，并将分析结果提供给相关的部门或人员。

(三)决策能力

决策是指为最优化达到目标，对若干个准备行动的方案进行的选择。就创新决策的重要程度而言，可划分为战略决策和战术决策。管理者要进行创新实践，尤其需要具有做出战略决策的胆识、气魄和能力。这种决策正确与否，决定着创新工程成功与否，直接影响着管理效益。因此，战略决策是管理者进行创新实践的首要职责。

决策包含决策工作和决策行动两个阶段。决策工作是指从确定目标到拟定备选方案的整个过程，一般是由领导者委托咨询机构的专家们进行的。决策行动是指领导者根据咨询机构提出的方案进行选择，纯属领导者的任务。决策是领导者的基本职能，无论行政管理、科技管理，还是企业的经营管理活动，都贯穿着一系列的决策。科学地进行决策(简称科学决策)是保证社会、政治、经济、文化、科技、教育、卫生等各项工作顺利开展的重要条件，也是一个人创新水平的重要标志、决策能力的标志。

(四)科学决策程序

科学决策程序一般可分为八个阶段：发现问题、确定目标、价值标准(评价指标)、拟订方案、分析评估、方案选优、试验验证、普遍实施。科学决策程序中的各项工作并不是都需要管理者亲自去做，大部分工作可委托咨询机构的专家们去完成。管理者的职责是严格遵循科学决策程序和充分发挥专家们的作用，其中，发现问题、确定目标、价值标准和方案选优则是管理者必须亲自过问的。

(五)开发创新决策能力的途径

1. 开拓创新，慎重果断

只有具有开拓创新的意识，有改革现状的迫切性，才能敏锐地发现和提出问题，面对复杂情况，拟订各种方案，深思熟虑，谨慎选择。但在创新关头，要“当机立断”。在实施中，要坚定不移，不要轻易放弃原先的创新理念。

谦虚博学、实事求是、知识渊博并巧于运用，使自己在创新时足智多谋。

善于深入实际，汲取群众的智慧，支持群众的首创精神，广泛征求各种意见，包括听取反面意见，集思广益，发挥创新决策组织的作用。一旦发现失误，应敢于否定原先的决策，具有一定应变能力。

2. 按科学程序进行创新

按科学程序进行创新是科学决策的重要保证，一般要经过调查研究、确定决策目标、制定方案、方案选优、方案实施、信息反馈、修整调整等阶段，防止个人独断专行。

3. 注意采用先进的科学决策方法

科学决策常常采用定量分析与定性分析相结合的方法。常用的科学决策方法包括调查研究、咨询技术、预测技术环境分析、系统分析、决策分析、可行性分析、可靠性分析、灵敏度分析、风险分析心理分析、效用理论等。决策者在选择最优方案时，情况非常复杂，最后选定的方案不一定每一个指标都是最优的，这就要求决策者运用自己的知识、经验和智慧，做出正确的决策。

4. 追踪决策

若决策实施的结果表明原来决策将无法实现预定目标而需要对目标或决策方案进行重大修正时可采用追踪决策。追踪决策实质上是对原来的问题重新进行一次决策。追踪决策要改变原有决策，易使人们产生感情冲动，失去公正、客观的评价。

三、应变能力的开发

在现代化大生产和科学技术进步的条件下，决策的综合性、复杂性和动态性更加明显，这些特征决定了管理者担任的管理工作基本都是创新性的活动，必须有创新能力。例如，在经营管理方法方面，要不断树立新的经营意识和经营观念，引进新的生产方式，开拓新的市场，控制原料来源，改进组织与管理。

管理者要在管理实践中不断创新，积极进取，注意提高创新应变能力，具体的提高方法如下：

（一）培养敏锐的观察力

优秀的管理者要具有敏锐的观察力，可以深入了解当前的社会现象以及管理中的问题，并且能够分析出如果不解决这些问题，可能会给管理与创新带来的后果。他们还有良好的心理把控能力，鼓励管理对象去积极思考，寻找解决问题的方式与途径。

（二）形成立体思维和辩证的能力

善于学习新知识，丰富自身的思想，为开发自身潜在的能力提供源泉和动力。并培养自身丰富的想象力，才能在解决问题时，做到举一反三、触类旁通，想出更多、更好的解决问题的办法，并找到最佳解决方案。

（三）学会独立思考、巧于变通

拥有良好的自信心。在不同的声音面前，能做到独立思考，不被他人影响。还要善于使用不同的创新方法，如综合、移植、转化等，寻找问题的答案。

（四）要脚踏实地、敢作敢为

在思想和行为上做到果断干脆。面对复杂的状况，能够尽快发表看法，同时快速制定计划，付诸实践。还要敢于负责，工作踏实，不达目的，决不罢休。人们常讲一句话，"计划不如变化快"，好的执行力还需好的应变力来配合，即在工作中不断地修正，以保证计划得以实现。应变力的属性和水的属性相似，遇弯则弯，遇直则直。

（五）随机应变，因势利导

随机应变的战略是必要的。组织内外形势和条件是变化的，要适应变化，就必须适时调整政策和战略，审时度势，随机应变。根据情况和形势的变化科学地调整己方的策略方法。

随机应变要注意发现问题之所在。创新的内涵是指反映于创新概念中对象的本质属性的总和。创新内涵包括对事物的全面认识、对旧事物进行批判、创造新事物和开拓新领域等。从其扩展意义上看，创新内涵则包括创新意识、创新精神、创新机遇、创新工程和创新模式等。

四、处理信息能力的开发

信息，是现代管理的一种特殊的“无形资源”，是管理活动不可缺少的要素，也是创新和发展的基础。处理信息能力是管理者进行创新活动，管理控制、协调关系的关键，也是进行创新决策的前提。一个管理者吸收、消化和处理信息的能力大小，将直接影响到创新工程的发展程度。开发管理者处理信息能力的途径包括以下五个方面：

（一）搜集信息

派谁搜集、搜集哪些信息和怎样搜集信息，要有明确的安排。布置信息的收集工作，应有完整的计划，计划包括确定问题或目标、决定所需信息的种类，确定信息来源，选择搜集的手段和方式，明确信息方式与结论。

（二）分析信息

分析信息的首要环节是分类，把繁杂的信息加以科学分类，也是应具备的能力。信息的分析过程，往往是管理者做出创新决策的酝酿与准备过程。

（三）分配信息

信息经过分析和分类，要及时、准确地分发给有关工作部门，否则就失去了信息的效益，甚至造成失误。分配信息是处理信息能力的一个重要标志。

（四）检查监督

工作中将信息分发给有关部门后，及时检查各部门对信息的消化、运用情况。

（五）沟通

决策是根据信息做出的，良好的沟通能够实现信息的流通与共享。沟通的重要元素有三个：信息发送者、信息传递渠道和信息接收者。

1. 沟通的作用

沟通是统一组织活动的手段。组织内部上、下级及成员之间的沟通是组织员工、联络成员以实现共同目标的必要手段。沟通是联结组织与外部环境的桥梁。

2. 沟通的方式

在现代组织中，信息的流通速度很快，优于以往任何时期。因此，一位优秀的管理者，首先要拥有良好的信息搜集能力，掌握一定量信息才能有效开展管理活动，履行管理职能。沟通是一种获取及传递信息的过程，在管理实践中，常常采用的沟通形式主要有以下两种划分方式：

（1）从信息流向的角度来划分

向下的沟通：以往的管理活动中，管理者主要采取的是一种单向沟通方式。通过发出指令，自上而下，信息逐级向下流动。

向上的沟通：员工向管理者请示、汇报工作。

平行沟通：同级员工之间工作上的互相交流与学习。

（2）以信息传递的媒介来划分

书面沟通：它有提供记录、参考、重复阅读等优点。

口头沟通：它是由说和听构成的，既可传递信息，也可联络情感。

非语言沟通：它依靠非语言符号，包括辅助语言、肢体、表情、空间运用等，实现思想的交流和信息的传递。

3. 有效沟通的基本要求

有效沟通的前提是，寻找并排除沟通过程中存在的障碍，这是沟通得以进行的基础。

（1）沟通过程中的障碍及其克服方法

沟通障碍主要产生和排除，主要从以下四个方面进行：

第一，信息发送者造成的障碍。常常会出现这样的情况，对于信息传送目的、信息传送的内容，信息传送者并未经过严格的思索和计划整理，轻易就传送出去，从而造成沟通障碍。

第二，信息传递过程中的障碍。信息在传递的时候，因为不同原因，如遗忘、不准确、不全面等，使信息失去真实性。

第三，信息接收者造成的障碍。因为兴趣和关注点是因人而异的，所以，人们接受信息时常常会有所选择，也就是说只接收自己感兴趣的信息，导致部分信息在传递过程中会丢失。

第四，人际关系造成的障碍。信息沟通是一种双向的互动，是发送者传递和接受者接受共同来完成的一个过程。

第五，信息过量造成的障碍。信息量过大而导致的堆积，会使有效信息无法正常传递，起不到应有作用。

（2）沟通的要求

首先，信息传递方和接收方使用的符号是一致的，这是做到有效沟通的基础。其次，沟通过程是一个互动的过程，特别要做好交流、商讨，以便得到理解。再次，传递对接收者有所帮助或有意义的信息。最后，通过沟通，实现相互理解。

五、控制协调能力的开发

（一）开发控制能力

控制就是调动组织的管理权利，对员工的实践行为做出一定的调控，最终保证组织制定的目标能够顺利完成。对于控制的定义，人们也可以这样理解：控制主体主动地、有目的地向控制对象施加压力；控制行为的目标是让控制对象的行为更趋向完美，符合组织的要求。

1. 控制的要素

控制系统的组成包括控制主体、控制客体以及监控系统。

（1）控制主体

控制主体指的是实施控制的管理者。他们的任务是制定控制标准和目标，并向被控制者提出要求，监督实施。控制主体始终处于主动地位，在控制系统中起着主导作用，支配别人的行为。

（2）控制客体

控制客体由人、财、物、时空、信息、组织等组成，客体应执行控制主体发出的命令，合理配置范围内的物质、能量、信息，实现最佳的业绩。在整个控制系统中，控制客体始终是被支配的，并对控制主体产生反作用。

（3）监控系统

监控系统中有专门的人员和机器，来监控员工的劳动实践过程。监控过程中，既要检查控制客体的作业完成情况，又要把监测数据上报给监控主体。这些监控数据会被作为控制主体调整组织运行的依据，从而提升组织行为的效率。在控制系统中，监控是一种辅助手段，同时也是控制主、客体间的互相作用的中间环节。

2. 控制的前提

（1）控制的前提是计划

计划越明确、越具体，控制的效果就越好。

（2）控制以明确的组织结构为保障

控制是通过人起作用的，若组织责任不明确，我们就不知道确定偏离计划的责任由哪个部门、由什么人承担，也就不能采取相应的调控措施。

（3）控制应该客观

控制的前提是，收到反馈信息，并以此为基础做出或调整计划。反馈信息指管理人员对控制客体工作成绩的评价。

（4）控制应该灵活机动

组织内部环境是不断变化的，外界条件也在不断发展，组织为迎接这两方面的挑战，就有必要修订计划，完善控制标准，调整控制方式。因而控制系统应该具有足够的灵活性以适应变化着的内外条件。

（5）控制应经济而有效

增强组织效益，有两个必要的条件，一是有正确的决策，二是工作效率要提高。

（6）控制应该及时

一般来说，发现工作失误是比较容易的，将控制标准与员工的工作实绩进行比较，就可以及时发现问题。

（7）控制从全局着手

组织的基本单位，是许多相对独立而又彼此联系的子系统。

3. 控制的类型

（1）事先控制

事先控制又称前馈控制，指为事先预计可能出现的问题采取预防性控制。例如，某企业的销售量预计将下降到比原计划更低，企业的主管人员就制订新的广告计划、推销计划，以改善预计的销售状况。事先控制位于运行过程的初始阶段，投入与运行过程的交接点是控制活动的关键点。

（2）现场控制

现场控制指管理人员在工作现场指导、监督下属工作，以保证计划目标的完成。现场控制，就是正在运行过程中的活动的控制。

（3）事后控制

事后控制又称反馈控制，指根据已取得运行结果的信息，对下一步运行过程做出进一步纠正的控制。

（4）控制方法应用步骤

第一，确定标准，标准是工作成果的规范，是对工作成果进行计量的关键点。第二，衡量成效，即衡量对照及测定实际工作与标准的差异。

第三，采取措施，纠正偏差。

4. 挖掘控制能力

（1）紧紧抓住主要问题

管理者对影响全局的问题要严格控制，对一般问题则需进行弹性控制。

例如，对企业经营管理时，管理者一般要严格加以控制的主要问题是各种计划编制和实施，投入、产出的比例，产品质量、成本、人、财、物的平衡，资金收支平衡，供产销平衡等。

（2）加强基础工作，制定控制标准

一定要做到事先控制，在问题刚冒头时就加以控制。平时，要注意做好基础工作，对经常产生问题的环节，制定切实可行的控制标准，用绝对数、百分率等下达到有关执行部门，作为考核的标准。

（3）发挥各职能部门的控制体系作用

关键是提高各职能部门和管理者的责任心，让他们去了解情况，发现和解决问题。同时，要重视计划、报表、专业会议的作用，从中了解、掌握情况，研究分析产生问题的原因，及时做出决策，采取措施，并进行有效控制。

（二）开发协调能力

协调就是处理各种关系，解决各方面的矛盾，实现理想配合。协调关系，就是处理企业内部和企业同外部的各种关系，共同和谐发展。

企业外部环境和内部环境条件都在动态之中，经常会出现"内外"的不平衡，也经常会有"良机"出现。管理者的任务就是善于捕捉这些良机，不断开发内部关系，开垦外部环境，建立新的"内外"平衡。

①对工作职责的协调。企业应当明确各职能部门各管理人员的分工和职责。当出现职能不明、互相扯皮时，管理者要果断裁定，不要含糊。让每个人都了解自己的工作目标和担负的责任，协调地开展工作。

②对人力、财力、物力的协调。对于人力、财力、物力的来源与分配如果不太合适，常常会对纵向的贯通和横向的配合产生一定影响。这就需要管理人员依照计划严格行事，做到分配的平衡与合理。

③要协调企业的物质文明建设与精神文明建设的关系、长远目标与近期任务的关系、发展速度与效益的关系。对涉及面广的重大问题，可指定专门的部门或专业人员去协调。

④倡导相互支持。不同部门的领导者重视本部门的作用，同时也要重视并积极配合其他部门的工作。部门之间的配合不应该是单向的企求，而应该是双向的给予。

⑤促进合理竞争。要求部门之间形成一种正常的竞争关系，求同存异，互相支持，密切合作，最大限度地发挥积极性和创造性，努力实现组织系统的整体目标。

六、思维能力的开发

（一）突破思维障碍

思维是人脑的活动，同时也是一种比较复杂的心理活动。思维是人脑对外在事物进行的加工，是客观存在在人脑中间接的反映。根据字面意思，“思”指的是思考，“维”指思考的顺序或者说是方向。思维能解释成顺着一定方向，根据某种顺序进行的思考。思维障碍一定程度上阻挡了人们解决问题时的创造性，不利于创新的进行。想要做到创新性思维，最需要做的就是对思维障碍的突破。展开来说，需要做到：第一，面对问题时，从多个角度进行设计和联想，以期能够得到不一样的结果，并筛选出最优；第二，思维还要根据客观事物的变化而不断变化，及时对思维上的偏差进行调整；第三，要拒绝直线思维方式对思维的固化；第四，应从不同方面拓展思维，当思维受到阻碍时，及时调整方向，甚至可以进行反向的思维。

（二）扩展思维视角的方法

1. 改变万事顺着想的思路

一直以来，人们思考问题的方式，大多数情况下是按照常情、常理的经验去思考，或者按照事情发展的空间和时间顺序去想，也就是人们常说的“万事顺着想”。

（1）变顺想为倒着想

当顺着想受到阻碍，无法解决问题的时候，可以考虑逆向思考问题。

（2）从事物的对立面出发去想

新的思路，往往会产生创新性结果。当人们解决不了问题的时候，不应该持续在原地打转，而应该勇敢地抛弃惯性思维，站在事物对立面去寻找新的切入点，从而扩展思维视角，实现思维的创新。

（3）改变自己的位置

在对社会问题进行思考时，人们也可以转换位置，站在别人的角度看问题，特别是要站在考察对象的角度进行思考。在对科学技术问题进行思考时，人们可以转变观察的角度，从前后左右、上下等不同方面去观察和分析。

改变位置，就是使原来构成事物的排列顺序变了，站在新的位置上思考，采取变革，就可以产生新的结果。这也就使创新者有更多的机会来引导事物向有利于自己的方向发展变化。

2. 转换问题获得新视角

（1）把复杂问题转化为简单问题

有智慧的人能够将复杂问题简单化，没有智慧的人只会把简单的问题复杂化。实际上，在解决问题时，如何做到化繁为简，本身就是一种创新性的思考。

（2）把自己生疏的问题转换成熟悉的问题

遇到不太熟悉的问题，经常会找不到解决的切入点，不知道从哪里下手。在这种情况下，可以试着将生疏的问题跟自己熟悉的问题结合，找到共同点，就会有所突破，甚至可能会诞生新的研究成果。

（3）把不能办到的事情转化为可以办到的事情

人们发现，有些事情是可以做到的，有些是经历过一番辛苦才能做到，有些是根本无法做到的。然而，不能做到的事，是否可以转变成可以做到的事。如果能，人们就多了一种新的观察和解决问题的视角。

3. 把直接变为间接

（1）以退为进

这在军事上是很重要的一种策略。好的军事家，不会在条件不具备时和敌人硬拼。消灭敌人，是军事家的目的，可是，达到这个目的并不简单，尤其在敌强我弱的情况下，要有巧妙的策略才可以。

在解决其他问题时，“退一步海阔天空”的道理同样有效。在碰到困难的时候，不如先放一放，等合适的时机出现，事情就有可能会朝着有利的方向变化，再去解决它，就会变得容易一些。退并非逃避，而是换种思路解决问题，付出最小的代价换取最大的胜利。

（2）迂回前进

有时候，遇到困难时，也可以采取绕弯子、兜圈子的策略，也就是军事上所说的“迂回前进”。实践过程当中，碰到解决不了的问题时，改变思路，采取迂回的方式去突破它。

（3）先做铺垫，创造条件

当遇到很难解决的问题时，有时候可以考虑提出一个新问题，为解决问题寻找新突破口，也就是从直接面对变为间接面对。

事物之间是存在互相联系的，而问题的解决也都是有条件的，解决一个小问题，就可能为解决下一个大问题创造条件。在创新者动手解决问题之前，可以先想一想，是否有创造解决这个问题的条件，寻找这种条件，就是扩展视角的过程。只要有扩展视角的意识，掌握了扩展视角的方法，我们解决问题的办法就会多起来。

（三）实施创新能力开发系统工程

创新是一项艰巨的系统工程，也可以说是人的创造工程。人，是创新工程的主角，具有创新素质的人，才能实施创新事业。一个人要进行创新，要具备以下四个条件：

1. 克服心理阻力

人的创新心理品质是创新活动的前提，看一个人是否能进行创新活动，在很大程度上要看这个人是否具有创新心理品质。

历史上不少有建树的人都是思维活跃、敢于标新立异的人。伟大的科学家爱因斯坦能取得巨大的成就，就在于他敢于对现成的理论质疑和突破，不迷信权威，不盲目从众，不受条条框框的束缚。正是由于他对传统的、绝对时空观的“同时性概念”产生怀疑，才有“狭义相对论”。因此，要克服不敢变通的思维习惯，不断地拓展自己的思路。

2. 建立创新机制

对创新组织者而言，实行创新条件的重要方法之一，就是建立创新机制。对创新者而言，创新成果有没有得到适当的评价和鼓励，是影响创新积极性的关键因素。创新能力的培养除了与自身努力相关，环境也会影响个体创新能力的发挥。创新能力是人的智力、想象力、意志力等的充分融合，它需要合理的激励和评价。如果组织环境中没有形成对创新者激励的制度以及氛围，就会阻碍人的创新能力的发挥。因此，我们在进行创新活动的时候，也要重视创新机制的构建。

3. 打好知识基础

丰富的知识是创新的基础，每个人都应该重视知识的积累。然而，有些人提出，在现代社会，我们需要的是善于交际和获取信息的能力，而不仅仅是单纯的知识。他们主张“宁做开拓型，不做知识型”。然而，这种观点犯了一个致命的错误：它把能力和知识割裂开来，错误地认为创新是一种信手拿来，不需要任何条件的东西。实际上，无论是开拓型还是知识型，都需要丰富的知识作为基础。只有在拥有丰富知识的基础上，我们才能更好地开拓创新，实现个人和社会的发展。

4. 善于提出问题

善于发现和提出问题，是创新能力的前提。想要让创新工作顺利进行，首先要开阔我们的眼界，不断探索未知世界，在实践中发现新问题，并找到解决问题的办法。爱因斯坦说：“提出一个问题往往比解决一个问题更重要。”这句话虽然主要是针对科学研究的，但对每个人的工作来说也同样适用。“合抱之木，生于毫末；九层之台，起于累土”。

第三节 大学生创新技巧的训练方法

一、创新方法概述

众所周知，任何人做任何事情，如果方法得当，则事半功倍，点石成金；方法不当，则事倍功半，得不偿失。黑格尔称：“方法是任何事物所不能抗拒的、最高的、无限的力量。”有句慧语是：人们往往将一个人拥有的东西称之为财富，其实他真正的财富是获得这些东西的方法。

（一）利用开拓方法进行创新

开拓性实践是人类在未知领域中进行的探索性和首创性的实践活动。科学实验领域的发现和发明，生产领域中具有独创性的技术改进和技术革新活动，社会领域中的各种改革试点和革新活动都属于开拓性的实践活动。如居里夫妇关于放射性理论的实践活动、阿波罗登月计划、人类第一次宇宙航行等，都是开拓性实践活动。由于开拓性实践是探索性的，因此，可能会成功，也可能会失败。但这两种结果都达到了开拓性实践的目的，所以它们都是有意义的。

（二）对方法的辩证认识

创新和创新技巧能够拓宽思维，使人类的智慧得到更好发挥，实现创新。但是，也需要注意，一方面，“法无定法”，也就是说，面对问题不能生搬硬套某种方法，而是应该根据创新对象的不同，根据其特征，采用和综合运用最适合的方法，做到不拘一格。另一方面，不论什么方法，能提供的仅仅是需要遵守的基本规律和一些基本步骤。这些途径和技巧，并非能够不假思索地用到任何问题上。创新是创新精神与创新能力的综合成果。如果将创新技法喻为“梯子”，那么，其一端应指向登攀的目标，另一端则须支撑于坚实的地面。

（三）创新技法的分类

当前，人们已经分类总结了几百种创新技法。其中，日本电气通信协会编著的《实用创新性开发技法》中的分类方法最具有代表性。这本书把最常见的 29 种技法分为了六个大类："自由联想法"（包括头脑风暴法、KI 法等）；"强制联想法"（包括查表法、焦点法等）；"设问法"（包括戈登法、特尔斐法等）；"分析法"（包括列举法、形态分析法等）；"类比法"（包括提喻法、等价变换法等）；其他方法（包括网络法、反馈法等）。

另外，高桥诚作为日本知名的创新学家，还编著了一本有关创新技法分类的书——《创新技法手册》。书中精选了一百种分类技法，分为三大类，即"扩散发现技法""综合集中技法""创新意识培养技法"，进行具体介绍。我国对于创新技法的分类研究，有东北大学、国家科委人才资源研究所创新力开发课题组提出的分类方式：提出问题的方法、解决问题的方法、程序化的方法。

二、模例学导法

（一）技法含义

模例学导法是由上海通用创新发明学校创立，是应用思路的提示法，在它的引导下，人们发明了多功能台式打火机等多个新发明。这类通过发明创造来提升人的创造力和素质的方式，称作"模、例、学、导"法。

1. 模——知识（方法、工技）模块

应用计算机变成语言中模块的概念，这里的模块是指一种创新知识单元。依据创新发明及相关学科所提示的规律、原理、技巧和方法等编制而成。模块可以按照层次和序列等划分，模块可大可小，具有伸缩性。

在大型模块中，容纳信息的量较大，内容较为广泛。例如，创新性思维模块、产品开发模块、创新美学模块、资料检索模块、成果表述模块、公关艺术模块、技贸语言技巧模块、德智体创新模块等。

专业技术类也可以运用大型模块来编制。例如，建筑创新模块、农业创新模块、材料技术模块等。再如，技术原理、功能材料、物理效应、机构电路、设计技巧、工艺技术、研制方法模块等。

中型模块是把大型模块细分成若干块。例如，把创新技法分成列举法模块、组合法模块、联想法模块；把创新素质模块分成智能模块和非智能模块等。

小型模块是对中型模块进行再分解，划分成更小的单元。例如，将列举法分解成缺点列举、希望列举、特性列举、对应列举等。

2. 例——示例、例子

例是描述发明创新过程、方法和工艺的典型事例的简称，既有成功的经验，也有失败的教训。案例编写要有针对性，做到通俗易懂、生动有趣，并进行分类编码。

案例与模块既有联系，又有区别。模块是案例的“升华”，案例是模块的“基石”。模块反映创新规律的共性，突出科学性、系统性；案例反映创新规律的个性，讲究趣味性和实用性。平时要注意收集、创作和积累案例及模块，以便开发时灵活调用。

3. 学——教学员学习如何搞创新发明

教学员接受创新性思维的训练，学习研究解题方法，让学员预习教材纲要并调研生产经营或工作、生活中的问题，使学员有准备地参与开发活动。本方法强调把学员作为开发活动的主体。

4. 导——具有激发、提示、解疑、引导等含义

通过导，剖析案例，做出演示，激发学员的创新精神；通过导，转化创新意识，启迪创新灵感，提高创新素质，帮助学员走创新之路。应用设问、质疑、引导、演示和反思等教艺，把学员的意识行为引导到生产经营或事业目标的轨道上来。

（二）技法模式

1. 开发设计

开发设计是指对整个创新力开发活动进行策划，并制订开发计划和措施。

策划前要进行调研诊断，并且还要进行创新讨论评估，征询开发需求，调研创新文化，诊断开发状态，从中发现创新障碍，然后根据这些“状态参数”制订开发计划和选编学员模例。

2. 模块选择

模例选择关系到开发效果，因此要慎重选好。在选用原则上，既要适合开发目标和需要，又要切合开发对象的知识基础、专业特长、认知水平、心理需求和创新能力。

3. 创新测评

创新测评是指对学员的创新意识、创新人格、创新心理和创新能力等创新素质进行测量与评价。通过测评，发现解题需要，解决心理障碍。

4. 动力激发

动力指创新热情、积极性和兴趣等心身能量，激发是指把潜在的心理调用起来，为提高素质服务。有人把激发动力称为“热身”，它是创新力开始的前奏，它贯穿于创新力开发的全过程，用于强化开始效果。

5. 转化意识，树立志向

通过宣读中外科技发明创新史，进行创新力开发的“形势教育”，对学员“晓之以理”，使其懂得创新是人的天性、创新人人能搞、创新有规律可循的道理。弄清创新力需要培养，明白开发创新力具有重要的作用和意义。通过扮演角色、创设情景，对创新者“动之以情”，让其转化意识，树立创新意向。通过物质奖励、精神表彰，使创新者产生内在动力。

6. 传授知识，培育技能，训练思维，导向行为

这是创新力开发的重点，通常需要安排较多的时间。在这一阶段，为充分调用创新者的身心能量，需要从心智和生理等各个角度来开发人的创新力。

创新导向是指把创新者的创新积极性和行为目标，引导到需要发挥的领域及正确方向，把群体创新力汇聚到所要解决的问题上。导向是多方位的，从理论上讲需要什么就导向什么，但实际上往往难以做到。这就需要从行为目标（课题）、创新意识、创新思维、创新技法等方面给予启迪。创新导向包

括智力与非智力因素，实践表明，在创新成果生产过程中都不同程度地应用了这两种素质。

7. 择机发挥

创新力、创新成果是资源，是活力，是财富，也只有通过使用，并用在能发挥作用的地方，才能显示出它的价值。创新力需要设置机会来发挥，并且需要有亮相的擂台和释放能量的“场”。

8. 扶植推进

创新是一项从无到有，将知识、经验和智能转化为财富、效益的活动，涉及的因素很多，在进行过程中会遇到许多困难和障碍，因此需要扶植、互相推进。

新事物刚出现的时候，因比较幼弱、粗糙、简陋而易被抑制、扼杀。新创意、新构想最先掌握在少数人手里，常因与众不同而受到习惯势力的冲击、束缚。因此需要“伯乐”加以保护，从物质、资金、组织、法律、技术、贸易和物化等方面给予支助。扶植推进，就是帮助创新发明者排忧解难，克服各种障碍。

9. 优化环境

优化指创造一个有利于发挥创新性的宽松、开放和充满生机的环境。很多企业为充分发挥科技人员的创新力，采取各种措施为他们创造良好的工作环境，为他们增加服务设施，使科技人员的知识、精力、体能和创新热情处于最佳状态。例如，安排出国旅游，开辟“杂谈室”、保健房、网球场、蒸汽浴室、娱乐室、图书馆、饮茶室等。

三、切割重组法

切割重组法是指通过改变（切割、分解）物（群）体构成，然后将分割元素重新组合，借以创造新的事物，从而提高群体创新力的方法。

本法受到七巧板启示，故也叫七巧板法。七巧板是中国古代的一项发明，拿破仑用它训练想象力。将一个普通的正方形板块切割成七块，然后用它重新组合就能拼出上千种形态各异的图案。

切割有分解、离开的意思，从广义上可理解为去掉、选取、排出等。从重组素材的来源分，可分为同系事物切割和异域事物切割。目前，企业普遍开展的优化组合、调整产品与产业结构，就本质而言，就是“切割重组”。又如，从办公室、工会生产技术科、产品销售科各抽调一名员工，并请一名创新学者当顾问，组建一个创新力开发机构，这也是“切割重组”的产物。一个群体由于知识雷同、思维和组织行为定式会逐渐丧失创新力。若把群体切割重组，则可使群体复原或增强创新力。

切割重组是一种提高群体创新力的方法，也是一种生产创新性成果的方法。例如，论文可说是参考文献与实验结果的“切制重组”；电视剧是人、景、镜头、故事情节和艺术风格的“切割重组”；工业产品是机械组件、机构、功能材料、电子组件、电路和功能材料等的“切割重组”。

四、设问检查法

设问检查法是指提供一张提问的单子，并逐个核对需要解决的问题，以达到从不同角度，较为全面地进行思考，并寻找到创新方案的办法。如今，创新学家归纳了不少有着不同特点的设问检查法。实践证明，能够发现问题，并提出新疑问，创新就取得了一半的成功。有效的提问，能够启发人们的思维，开拓思考问题时的思路，从而实现思维的创新。常用的设问检查法有奥斯本检核表法与 5W1H 法。

（一）设问检查法的特点

设问检查法是对将要进行创新的客体展开剖析，以明确问题的各项内容，如性质、程度、范围、目的、理由、场所、责任等，通过解剖，使问题更具体详细。设问检查法常用于产品的研发上，也可以用于管理的改善上。例如，我们熟知的 5W1H 法，从五个角度提出问题：客体的本质（What）、主体的本质（Who）、时间和空间（When and Where）事情发生的原因（Why）和方式（How）。上述问题，也是事物存在的基础。从这样的结构来梳理，能够很快发现问题的关键点在哪里。又比如，奥斯本的检核表法，从事物的基本属性，如颜色、材料、形状、气味、重量等方面入手提出问题，所以这种方法的适用性比较强。

奥斯本检核表法的特点是，没有将注意力放到某个点上，而是摒弃了传统的框架，进行大胆设想，采用联想、类比、拆分、组合、颠倒次序、移花接木、转换等不同的方式方法，从不同角度寻找答案。

（二）设问检查法的适用范围

设问检查法适用于：群众性的合理化建议、技术类的小发明等。此方法和其他的方法，如智力激励法结合起来应用，能够起到更好的效果。对于需要解决的、一些比较大的问题，可以借助设问检查法将问题具体化、明确化，将目标缩小，寻找出关键点，采取各个击破的方式去解决大问题。

在管理实践方面使用它时，需要确定问题的性质、程度、范围、目的、理由、场所、责任等；将它应用于技术问题时，需要确定产品的材料、结构以及工艺等，也就是要依据不一样的工作性质，恰当调整此方法。

设问检查法本身具有一定的局限性，它注重创新主体心理的变化，通过对心理障碍的克服，发展更广阔的思路，不太注重对创新客体自身的规律的认识。因此，在用于一些繁杂的技术发明的时候，这个方法大概只能从思路进行引导，将它和某些技术方法结合运用，才能获得最佳效果。

五、组合创新法

在世界中，组合是非常常见的现象。从宇宙星球，到微小的分子、原子；从简单的数字组合，到复杂的生物结构；从一个国家到一个家庭，组合的现象无处不在。

组合是非常复杂的现象，比如，同为碳原子，因为晶体组合的结构不同，便形成了完全不同的物质，坚硬的金刚石与质地较软的石墨，它们同属碳原子结构。而在人与物的组合中，更具有丰富多样性特征。

（一）组合创新法的特点与适用范围

1. 创新性

组合法就是为实现某种功能，依据一定的原理，把现有的科技方法、物品做最佳的组合或者排列，最终得到新技术、新产品的一种科技创新方法。组合法有三个需要注意的关键点：

第一，将两个或两个以上的特征进行组合。

第二，全部特征的服务目的是一致的，它们之间互相促进、互相补充。

第三，能够生成一个新的系统效果，并且，系统效果大于系统所有要素相加的和，可以实现 1+1>2 的效果。

2. 广泛性

在世界上，组合是非常常见的现象，因此，组合创新技法的应用范围十分广泛。

（1）范围广泛

人类社会经过数千年的发展，已经积累了不可计数的发明创造物。各种各样的技术，为组合提供了无限的可供实施的可能。无论是简单的生活用品，还是引导文明的高精尖技术；无论是简单的变革，还是新学科的创建和新理论的发现；无论是简单的编辑，还是耗费脑力的艺术巨创，都能够根据实际情况，做到不同层次，不同规模的组合创新。

（2）易于普及

从技术创新来讲，因为这种方法是根据某些功能需求选择多种成熟的技术，然后进行组合，所以，不同于原理突破性创新所要求的，需要有专而深的理论，这种方法更加易于推广，即便是不懂的人也能学习和应用。

（3）形式多样

组合的形式是多种多样的。可以是统一使用目的中的不同物品之间的组合，如橡皮和铅笔，可以组合成带橡皮头的铅笔；裤子和袜子，可以组合成连裤袜；也可以是不同使用目的的物品间的组合，如空气和煤炭组合，能制造出尼龙；甚至可以是跨时空的组合，如中外合璧、古今的组合等。如今，有不少具有很好疗效的电子治疗仪，就是古代流传下来的中医文化与现代技术的组合。可以将不同的技术组合在一起，可以将不同的物品组合在一起，也可以将不同艺术组合在一起。创作小说角色时，鲁迅就曾说过，“嘴在浙江、脸在北京、衣服在山西”，就是通过组合形成新人物形象。

（4）方法灵活

组合的方式也是多种多样的，一般包括：二元组合、多元组合、附加式组合、辐射式组合、综合性组合等。可以根据不同的需求，选择合适的组合方式。为了推广新技术，可选择辐射式组合，也就是说以某种技术为核心，将各种各样的传统技术结合起来，形成技术辐射。如果是为了改进已有的技术，那么可以采用附加式组合，将新技术引入到其中，助力产品革新。而随意式的组合方式，有助于突破传统思维习惯，得到更加具有创意的想法。

3. 时代性

原理突破作为发明创新的一种形式，因为找到了新的规律和技术原理，从而实现了新的发明。它的创新形式是，获得了新的科学原理，将其转为技术，从而完成发明。蒸汽机被内燃机取代、电的发明使电力代替了蒸汽动力、真空管被晶体管取代等，都属于这种形式。

（二）运用时应注意的三个问题

第一，组合要素的数量并非越多越好。要素越多，组合的可能情况就越全面，但是相应地，也会消耗大量时间及精力，因此组合要素要适当。

第二，组合可以令产品的功能更强大，成为通用型产品。但是，千万不要以追求“万能”为目标，这样会使产品的成本增加，制造起来也较为困难，甚至有些功能可能用不到。比如，有人发明了一套女装，可以变换出 144 种不同的样式。买了它，相当于拥有了 48 套套装、24 件长袖外衣、36 条披肩、36 条灯笼裙。遗憾的是，它根本无法上市销售。一则变换功能很麻烦，二则只照顾到了时装的通用性，却忽略它的样式魅力，甚至还没来得及变换出 144 种样式，服装已经磨损破旧了。

第三，参与组合的各要素间越是相距甚远，形成的新产品越具有很强的创新性。比如，空气和煤炭组合在一起，形成尼龙；科技和游戏的组合，便有了电子游戏机等。这类组合创新将会给企业带来巨大的财富。

六、想象思维法

想象思维法就是，人的大脑对记忆表象进行形象化的概括、重组等一系列改造的思维活动的方法。

相对于形象思维，想象思维更加深入，是人脑对形象思维进一步的加工。因此，一直以来创新学家都比较重视想象思维法。想象力的丰富程度，即想象思维能力是否很强，能够判断某人是否具有很强的创新能力。

（一）想象思维的特征

想象思维的特征有以下三方面：

1. 形象性

想象思维的操作活动的基本单元是表象，是一些画面，静止的画面如照片，活动的画面如电影。画面可能是模糊的，可能是清晰的，也可能是开始模糊逐渐变得清晰的。如果画面由模糊变得十分清晰了，一般来说，离产生创新性结果也就不远了。例如，看小说时，人们可以想象出人物的音容笑貌；看图纸时，人们可以想象出立体的物体。

2. 概括性

从本质上来说，想象思维同思维是同时进行的。也就是说，一边反映记忆表象，一边将表象加工组合成新形式，因此，它具有很强的概括性。比如，有人把地球同鸡蛋联系在一起，地壳是蛋壳，地幔是蛋白，地核是蛋黄，十分形象地概括了地球的内部结构。

3. 超越性

想象最难能可贵的一点是，它可以超越原来的表象，形成很多完全不同的表象，这便体现了人脑的创新活动。这一类的例子还有不少，一般来说，任何的发明创造，无一不依靠超越性的想象完成。例如，爱因斯坦想象自己以光速运动；魏格纳在地图面前想象几个大陆板块分裂后慢慢地漂移。

（二）想象思维的类型

根据心理学中的方法，可以把想象思维分为以下两种类型：

1. 无意想象

无意想象是不受主体支配的、不刻意的想象。做无意想象时，主体并没有明确的目的，思维不受大脑的限制而天马行空，呈现出自由自在的状态。无意想象是具有一定价值的，那就是能调动潜意识，有可能会突然灵感迸发，产生具有创新性的创意。但实际上，无意想象不能直接产生创新性成果，需要有主体意识、有目的系统的参与，才能把想象转换为具体的方案。但是，也不能够忽略无意想象，它可以激发思维，可以引导创新。

2. 有意想象

有意想象是主体有意识的一种思维活动。主体的想象活动是围绕一定的目标，在一定目的性支配下进行的。有意识的想象在创新活动中起着不可估量的作用，因此，非常受人们重视。

（三）想象思维的作用

1. 想象在创新思维中的主干作用

创新思维的成果是新颖的，有创造性的。但是，这样的成果并非没有依据凭空而来。而是根据存在的表象，进行重新加工、组合、排列形成新事物。表象是人脑认知结构最基本的构件，任何具有表象的活动，也都离不开想象。许多创新性思维形式都是在想象思维的基础上进一步深化和发展起来的。例如，在创新性思维中处于重要地位的发散型思维，实际上也就是发散式的想象思维。发散，是由点向四面八方不受拘束地展开，但也不是漫无边际、模糊不清的。想象思维有高度的概括性，从整体上捕捉到一个个完整的画面，而不受其他画面的影响。

在创新活动中经常出现的灵感或顿悟，离不开想象思维。正是由于有了丰富的想象，在某一时刻，捕捉到一个最有价值的画面，进而和创新目标联系起来，才成为灵感。可见，想象思维在创新思维中，起着主干的、基础的作用。

2. 想象思维在人的精神文化生活中的灵魂作用

人类依靠想象思维，使精神世界更加丰富。作家和艺术家们想要自己的作品有创意，就必须发挥想象力。读者阅读文学作品，观众欣赏不同种类的艺术，都要借助想象力去理解。当创作者与欣赏者的想象一致，就会产生共鸣，使艺术作品呈现完美的艺术效果。

3. 想象思维在发明创新中的主导作用

哲学家康德曾这样说：“想象力是一个创新性的认识功能，它能从真实的自然界中创造一个相似的自然界。”任何的发明创新，都是想象思维在起引导的作用。新产品在被制造成功之前，我们已经在脑海中对它的外形和主要功用做了一定想象。这类想象，一般是根据人脑中以往的记忆表象，加上一定的扩展产生的。

七、逆向转换法

逆向思维又名反向思维、乘负法、反面求索法，通俗地讲就是反过来想一想的意思。人们为了达到某种目的，经常会从相反的方向来进行思考。用有悖常理的方法，探寻解决问题的新的办法。逆向思维可以挑战习惯性思维，克服“心理定式”，这无论在理论创新还是技术、产品创新上都有出奇的作用。

相传北宋大臣、史学家司马光，在儿童时代就聪明过人。一次，许多孩子在一起玩耍，有个小孩不慎跌进了大水缸，孩子们人小力弱无法将他拉出水缸，急得手足无措、哇哇大叫。这时司马光举起石头，砸破水缸，让水流走，救出了溺水的小孩。司马光这种不用将孩子拉出来而让水流走的做法就属于逆向思维。

针对产品，就其原理、市场、需求、结构、功能等从相反方向进行思考探索，将思路从固有观念中分离而获得崭新的启迪。如人走路都是要迈动双脚才能逐步前移的，那么想象双脚不动而让路面移动，人们由此发明了自动扶梯、电梯、传输带等。

（一）逆向转换方法基本原理

辩证法基本理论告诉人们：事物有着对立与统一的两面性。它们之间是相互依存又相互排斥的关系，两者存在于一个统一的整体中。认识事物时，应该同时认识事物的正反两面。但是现实生活中，人们往往只看到其中的一方面。按正向思路去思考问题成了习惯，所形成的认识、设想也越来越普遍平庸，且无法全面认识事物。可见，要想创新性地解决问题，采用辩证思考的方式，转换一下正常的思路，从反面角度想想，很可能会产生突破常规的创新思路。

由于对立统一的形式多种多样，有一种对立统一形式就有一种反向思考的角度。归纳起来，反向思考有如下形式：

第一，性质上对立两极的转换。如软与硬、高速与低速、优点与缺点等。

第二，结构、位置上的互换、颠倒。如上与下、左与右、内与外、前与后等。

第三，功能或过程上的逆转。如电转为磁与磁转为电；做功与蓄功；气态变液态与液态变气态；放大 A、不改变 B 与不改变 A、缩小 B；A 动 B 不动与 A 不动而 B 动等。

第四，缺点逆用。有意识地开发利用事物的缺点，变短处为长处，变缺陷成优势、变废为宝等。

第五，破坏。创新的实质是破与立，有意突破看似权威、典范的事物，以质疑的眼光寻找创新契机。

（二）逆向转换方法主要特点

1. 普遍性

对立面在现实世界中可以说是无处不在极为普遍。只是对立面往往处于背景之中，人们不易察觉，或缺乏鲜明的认识。要想创新，就必须将对立面从背景中拉出来，将其推向前台，使之鲜明突出，一目了然。

2. 批判性

反向思考是与正向思考相对而言的，正向就是指常规的、常识性的、公认或习惯的想法与做法。反向思考当然就是对传统、习惯、常识、常理的挑战，反向思考显而易见的好处是可以克服思维定式，破除由经验和习惯造成的僵化的认识模式。

3. 新奇性

循规蹈矩地按传统习惯方式去解决问题，虽然轻车熟路，简单易行，但容易思路僵化，陷入思维定式的桎梏，所得到的结果也是在预料之中，难以有所突破。反向思考既然是从人们熟悉的方式的反面去思索，结果显然也会是人们不易想到的，能出人意料，使人耳目一新。

八、分析列举法

分析列举法就是对事物进行剖析，进而一一列举其不同方面的特征，在此基础上进行创新的方法。特性列举法是最常用，也是最基本的一种方法。它又被发展成为其他多种列举法，如缺点列举法、亮点列举法、成对列举法等。

（一）分析列举法基本特点

列举法的优点是，分析问题的角度较为全面，不会遗漏，可形成不一样的许多种构想方案。不同的列举法各有优劣势，同时又具有许多共同点。主要体现在以下两方面：

1. 强制性分析

列举法实际上就是一种实用的分析法。而分析，就是将整体拆分为具体的部分，将复杂的事物变为一个个单一的要素，再对各个要素进行研究。客观事物的整体功能由互相连接的各组成部分有机地组成，有时为使其整体功能发生变化，有必要在局部上开始思考，将所调查的那一部分从另一部分中临时分离出来，暂时脱离整体，这是分析法的根本特征。列举法与一般分析法有较大区别，列举法具有一定的强制特点，所有的要素都必须列举出来并加以分析。分析方法在日常的应用中，通常只抓主要的方面或者特殊的点，会漏掉一些对问题没有什么影响的、不太重要的因素，所以，可能会造成一些重要线索被忽略掉。为了解决这一点，特性列举法强调思维中的强制性，要求通过一定规则，完整地列出事物各个属性中所含的各子因素。再逐一加以分析，让大家能够综合思考问题。

2. 一览表式展开

一览表作为辅助记忆、布置工作的方式，常被人们用到。为寻求创新之思路，通过列举的形式，对事物进行全面细致的描述，用一览表辅助思维，揭示潜在的创新可能和条件。列举法其实就是带有比较性质的一览表，通过比较找出问题，确定目标，解决冲突。特性列举法采用了特性一览表，循序渐进地剖析事物的属性，寻找到隐藏着的创新的可能性。缺点列举法采用缺点一览表对缺点进行剖析，寻找改善途径。对比列举法则采用了成组罗列法，通过比较各元素之间的相似度和差异性，寻找出具有潜在意义的因素进行综合分析。成对列举法采用了物质组合一览表，推动了突破传统新奇设想的泛滥，大力推进了新产品开发工作。

（二）分析列举方法作用与局限性

列举法对于人们克服心理障碍、改进思维方式、对创新发明活动有着切实帮助。

1. 帮助人们克服感知不敏锐，改变思维的僵化，思维的麻木

感觉和知觉不够灵敏的原因，是二者处于一种饱和状态。有的人希望创新却无从入手，其实就是惯有的惰性对创新思维的妨碍。列举法最重要的贡献是克服了上述障碍，用全面搜索和持续的挑战、大胆想象，寻找创新发明对象。

2. 帮助人们全面感知事物，避免出现遗漏

人有着不一样的思维方式，因此，感知方式也各不相同。认识事物的过程中，有些人比较注重视觉上的感知，而有些人则善于调动听觉、触觉、味觉或者嗅觉进行感知。有人比较感性，有人比较理性。所以造就了感知结果的片面性，或是只看到了形状，没注意到颜色，或者被广告牵着鼻子走，没注意到实用功能。所以，一旦提出改进某一产品的要求时，许多人头脑中并没有产品完整的信息，从而在分析问题时产生局限性。借助列举法，能够发

现事物的每一个面。特性列举法会要求列举出事物所有的特性，不允许有丝毫遗漏。这种方式对全面分析事物十分有利，能帮助形成更多想法。

3. 帮助人们克服感情障碍

判断就是当一道题有多个回答时从中选出一个最好的回答。判断是解决这个问题的必要条件，但是普通人普遍存在的问题就是擅长做出判断，却不能很好地生成新的理念，这些阻碍着创新力的发展。类似于智力激励法中大胆构思和推迟判断原则，列举法强调先尽可能全面罗列，推迟评语结论的得出。

4. 对老产品进行改良、研制新产品的一种切实可行的途径

列举法容易被掌握、用途广泛。一般采用特性列举法、缺点列举法等对老产品加以改良，采用希望点列举法、成对列举法进行新产品开发。列举法对创新有促进作用，是因为它综合运用了组合、替代、合成等方法，从而缩短新产品开发周期，节约成本。列举法的成功运用，要求思路顺畅，准确，灵活，独到。特性列举法，指出了对产品进行改进的着眼点，亮点列举法则可以将旧事物中的不足，甚至旧事物整体都视为亮点，从而构想出了一个更新颖的产品。

5. 具有适用性和局限性

通常情况下，列举法更强调分析问题时的全面性、精细性，有时较为烦琐，因而更适合小型、简便问题的分析。同时这种方法并不能够最终解决某一问题，本质上仅仅是提供了一种思路，要想更进一步地实现还要借助于其他技法和手段。

九、类比法

类比法，就是由两个或两类物体在某些方面相同或者相似的特征，寻找另一些方面相同或者相似特征的方法。物与物之间的关联无处不在，也正是它们之间的联系性，让人们的头脑把未知变成已知，把陌生变成熟悉。人们大脑中所进行的联想、类比过程，可视为事物之间普遍联系的反映，反映在思维之中。

（一）类比的特点与作用

类比就是运用不同事物或者现象之间某种关系中局部相同或者相似的地方，进行对比、分析和综合。类比法对科学研究，技术创新以及各类创新活动都是有益的。

类比就是人在对未知世界进行探索时，把陌生物体和熟悉物体，未知物体和已知物体进行比较。从外延上看，很多物体从质的方面看虽然不一样，但是只要是相近的，均可采用类比的方法进行剖析。从而从这种物体到那种物体，从这一类到那一类，就能启迪思路，引发联想、触类旁通。每当理智没有可靠论证的概念时，类比这种方法常常会引导我们。研究指出：所选类比对象和原问题相差要尽可能大，从而使得出的创新性设想更富有新意。

（二）四种基本的类比方式

美国创新学家戈登通过分析和研究创新过程中常使用的类比，归纳出四种最为基本的类比方式，这些类比方式极大地影响着创新学发展的进程。

1. 拟人类比

拟人类比也叫作感情移入，或者叫作角色扮演。在进行创新发明时，发明者将自己构想成创新对象中的某一个要素，从这个要素出发设身处地地去想象。

就机械设计而言，“拟人化”设想往往能取得令人满意的结果。例如，挖土机的设计原理，就是模仿了人的手臂运动原理。主臂犹如人体上下手臂，可做出左、右、上、下的弯曲动作；挖斗模仿人类的手，插入泥土中把泥土抓起。机器人设计亦以模仿人体动作为主。

2. 直接类比

去大自然或者在以往的创造中，探寻和创新对象相似的事物，并对它们进行比较，是直接类比。相传，鲁班因为被草割手指，从中获得灵感发明了锯子；武器设计师对鱼鳃开合动作进行了分析，并将其设计为枪的自动机构；农机师看到机枪的连射，发明机枪式播种机。

3. 象征类比

象征类比就是借助了事物外形以及象征符号，对某一抽象概念或者思想感情进行隐喻的类比方法。象征类比以直觉感知为基础，经过无意联想而构成整体意象。对需要解决的问题采用具体形象事物进行类比描述，把问题形象化、立体化，由此形成创新的思路。

象征类比被广泛运用于建筑设计之中。在设计桥梁时，借助的是彩虹的象征意义；纪念碑和纪念馆的设计应给予“宏伟”“庄严”象征意义；而展览馆，音乐歌舞厅一类的设计应给予“艺术”“幽雅”象征意义。上海金茂大厦，曾经的中国第一高楼，集多层象征含意于一身：它形似竹笋——象征不断攀高；又如古代宝塔一样充满民族气息；还如同一支笔——描绘蓝天下的未来；全楼设计数据连接了国人喜爱的“8”字形——共有 88 层、中央为 8 角形混凝核心、四周为 8 个巨大钢柱、塔式建筑向上收缩点全部在 8 相关楼层等，这都是在用“8”来象征繁荣。

4. 幻想类比

幻想类比又叫空想类比、狂想类比等，是将已知变为未知的一种主要机理，但是目前还没有一个清晰的界定。

戈登曾说，想要从自我束缚中解脱出来，挖掘潜意识中的长处，最好的方法就是“自觉地自我欺骗”，幻想类比可以起到“自觉地自我欺骗”的效果。总之，是要用幻想去启发思维，在古代神话、童话和故事里有不少奇幻的想法，科技逐渐发展起来后不少都成了现实。

西方社会有个节日叫“愚人节”，在这一天，人们可以开玩笑，任意取乐。某年，有人开心地说把牛体内的基因移植到西红柿上，那么咬一口通红的西红柿，就能有香喷喷的牛肉味。记者把这一“戏言”作为取悦人们的新闻报道出来。说者无心，听者有意，谁也没想到一些科学家却认为，这在理论上说得通，而且认真地进行了研究。

在上述四种类比中，直接类比是基础，其他三种类比是由此发展而成的。这四种类比各有特点与侧重，它们在创新活动中相互补充、渗透、转化，都有着不可或缺的作用。

第四章 “互联网+”时代创新人才培养

本章的主要内容为“互联网+”时代创新人才培养，具体包括“互联网+”时代大学生人才培养方式转变的必要性，“互联网+”时代大学生人才的培养方式以及“互联网+”时代大学生人才的德育教育。

第一节 “互联网 +”时代大学生人才培养方式转变的必要性

一、互联网时代教育新形式的转变

互联网时代的到来使教育模式发生了翻天覆地的变化。在线教育使优秀的教育资源突破时间、空间的限制，让知识得到前所未有的普及和传播，这是一个巨大的进步。目前，互联网教育还处于探索阶段，很多互联网教育企业在不断试错中成长。互联网教育还没有形成成熟的商业模式。

（一）互联网时代出现的教育新形式

“互联网 + 教育”有着巨大的市场潜力，正在成为很多商业投资追逐的热点。然而，作为新兴事物，“互联网 + 教育”还没有形成成熟的运营模式和盈利模式。

结合当前国内外实际，可以将近年来出现的互联网教育新形式概括为以下四种：

1. 内容模式

把内容生产作为企业的核心竞争力，互联网作为内容传播的平台，通过将教学内容放在互联网上，从而吸引人气、赚取流量、获得创收的模式，内容形式包括视频内容和文档内容，二者平分秋色。

视频内容又可分为两种类型：一种类型是传统远程教育或网络学校，主要教育形式是把传统教学的内容以视频的形式在网站上播放，让更多的人可以不通过到学校学习也能接受教育，使教育突破了时间、地点的限制，其缺点是互动性差，缺乏针对性。主要用于 K12 课外辅导和成人从业资格培训。另一种类型是最近几年流行起来的慕课（大规模开放式在线课程），任何人都可以将教学视频通过网络进行全球范围内的分享，优质的慕课网站可以聚集全球顶尖学府的优质教育资源，可以使教育突破学校的限制，每个人都有机会学习。目前，慕课正在探索多元化的互动形式，以解决慕课教学模式中现有互动性不强的弱点。

文档内容把提供文档资源作为平台的主要功能，将散落的知识资源集中到一个平台上，使平台成为学习资料库，从而提高资源利用效率。国内最常见的提供文档内容的在线平台包括百度文库、豆丁网。还有一种形式的文档资料平台，类似社交网站，大家可以在网站上随意提问，其他成员将会对问题进行回答，互动性较强，是内容平台的后起之秀。这类平台包括百度知道、知乎、百度百科、博客、微博、各类论坛及专业网站、微信公众号等。凡是能提供某一领域某一门知识，都可以算作知识提供平台，从本质上讲这些都属于教育范畴。人们接受的这些信息都会内化为自身的知识和智慧，并因此获得自身的成长。

2. 平台模式

把提供平台作为企业运营的侧重点，网站本身不生产内容，仅仅是在资源和用户之间创建连接的平台。根据服务对象不同，目前这种模式的在线教育网站又分为以下四种类型：

第一种类型是 C2C 模式，即个人对个人的交易平台，个人可以作为资料提供方，通过网站发布自己想要发布的内容，同时，个人也可以作为资料索取方，通过网站得到自己想要得到的知识。代表网站有多贝网、几分钟网等。

第二种类型是 B2C 模式，即企业对个人的模式，内容提供商负责生产内容，通过网站平台直接提供给用户。这种模式的教育产品有很多，国内比较知名的品牌有沪江网校、91 外教、51talk，这类网站运营好的前提是 B 端作为内容提供方，能够保证提供教育资源的质量，而平台的运营也必须建立在足够的流量基础之上，对于企业而言，既要保证提供好的内容，又要有能力维护好网站的运营。目前，这种模式主要运用于语言学习类产品，K12 领域、幼教领域、高等教育领域、职业教育领域均有所涉及。

第三种类型是 B2B2C 模式，这种模式的主体包括三个环节，即内容供应商、平台供应商、用户。内容供应商将内容提供给平台供应商，由平台供应商负责发布，然后用户才能对内容进行消费。内容供应商只负责内容的提供，平台供应商则负责平台的技术维护，汇集优质教育资源以及保证网站能够吸引足够多的学员。

第四种类型是 B2C+O2O 模式，即机构到个人、线上到线下模式。依靠 B 端的品牌优势和师资优势，吸引用户先到网上进行注册，然后再进行线下体验，最终建立起机构和个人的连接。这种模式运营的关键在于线上与线下的相互转化，尤其是线上资源的变现，是非常难实现的，需要企业有较强的运营能力。

3. 社交模式

这种模式注重网站社交功能的开发，提供类似在线社区的服务平台，使学员之间、学员与教师之间能够更为便捷地沟通交流，相互学习。代表产品有课程格子、三人行、微课网，以及国外的 OpenStudy 等。课程格子就是一款移动社交产品，能够将课程表相同的学生集中在一个平台上，相互之间进行沟通交流。目前，此类网站仍处于开发摸索状态，有很大的发展空间。

4. 工具模式

此类在线教育产品主要是提供各种有助于便利学习的工具，形态比较分散，功能较为单一。代表产品有专门背单词的扇贝网、用来做笔记的印象笔记、提供各类考试训练题目的猿题库、提供课程采购的淘客网等。这类网站功能较为单一，只是针对某些专门领域的特定人群开设。形式正在走向多元化，如扇贝网，提供单词量在线测评、单词库、学习进度控制、阅读、写作以及在线交流等多项服务，正在受到越来越多单词爱好者的欢迎，未来也有很大的发展空间。

（二）“互联网 + 教育”的特点

无论形式如何灵活多变，互联网教育的核心和实质是不会改变的。互联网教育是围绕教育的本质，用互联网的思维实现教育的目标。就促进教育改革的意义而言，互联网正在迅速改变着教育的形态。

1. 资源共享

互联网教育正在拆去传统教育的时空围墙，改变传统的知识传授方式。互联网时代的到来，使得优秀的教育资源向更广泛的群体扩散，让更多人分享知识成为可能，最大限度地实现了教育民主和教育公平。无论你在全世界任何角落，只要打开网络，就可以接收到全世界优秀的教师讲的优秀的课。在线课堂的开设则让学生可以不受时间、空间、所在学校、专业的限制，不受身份、地位、年龄的限制，选择自己喜欢的课程，让以往学习过程中的不可能变成可能。网络课程大规模开放性的特点，使得它与传统课程一次只能接受几十个或几百个学生听课的情况不同，一门课程动辄上万人，甚至几十万人听课，并且通过网上完成，极大地提高了知识传播的效率。

2. 交互性

在线教育的交互性体现在对传统单向交流授课模式的颠覆。例如，翻转课堂的授课内容由学生自学，在课堂上主要针对有争议的问题，或者有困惑的问题，师生之间、生生之间进行交流和讨论，增强了互动。同时，互联网可以使学习交流突破时间和空间的限制，通过在线社区或网络留言的方式，可以在任何地点、任何时间进行交流，网络的屏障也使得师生之间交流的拘谨减少了，可以更为真实自由地表达自己的看法。大数据的辅助更是让互联网时代的沟通如虎添翼，通过对学生学习行为、学习能力的分析，教师对学生有更科学全面的了解，可以更有针对性地进行沟通交流。

3. 学习游戏化

互联网教育为了吸引学生的注意力，开发了许多游戏式的学习方式，从而做到寓教于乐，激发学生的学习兴趣。例如，在考核方式上，有些网络平台推出随堂考试、满 10 分过关的形式。传统教育采用 60 分及格的考试方式，60 分以上者本门课程即是通过验收，60 分以下者需要补考或重修。而互联网教育采用随堂考试的方式，要求学生在掌握一个知识点后，就马上进行在线测试，而且就像游戏里的通关设置一样，只有全部答对，才能继续上下一堂课。差几分就要回去重看一次课程视频，看完后再考。考后马上给出评分，有时候还给出学生在考过这个题的学生中的排名。这种“即时奖励”的游戏式教学，能够充分调动学生的学习热情，并且使学到的知识更扎实。

4. 个性化

在不久的将来，学习也将可以“DIY”，充满个性化的学习将真正成为可能。大数据和自动化教学系统使个性化教学成为可能。互联网教育运用计算机特有的数据库管理技术，为个性化教学的实现提供了可行的路径。首先，计算机系统针对学生的学习状况进行完整的跟踪、记录和分析，得出每个学生的学习特点和学习规律，然后，根据这些规律，学习软件系统将推荐适合该学生学习的课程和学习计划，更加人性化，真正做到“因材施教”，避免传统教育的千篇一律。如万学教育的主打产品海文考研和金路公务员考试，通过更加精细化的课程开发和管理，达到传统课堂教师无法实现的教学效果。

在未来，随着互联网的普及，互联网教育将会不可避免地给学校传统教育带来冲击。空间的无界化、内容的多元化、学习的自主化和管理的个性化，必将成为教育变革的方向。

二、培养目标与能力要求的转变

教育历来受到国人的特殊重视，历经千年的栉风沐雨，我国的教育形成了一套完整的教育体系，现有的教育体系是在中国传统教育的基础上，结合西方现代教育管理体系所形成的，以学校教育为中心，以知识传授和人才培养为目标，具有规范的管理模式。然而，互联网给传统的教育体系带来了前所未有的冲击，使人们不得不对传统的教育模式进行反思和重构。文化产业具有高度的融合性，受互联网的影响巨大，文化产业的教育模式更应该适应互联网时期的教育特点。

（一）“互联网 +”时代的人才培养目标

以文化产业人才培养为例。文化产业是文化艺术与产业运营高度融合的产业，人的头脑所产生的创意是文化产业的基本生产原料，通过将创意融入产品设计、市场推广、企业经营的各个环节，可以提升产品的文化附加值和设计附加值，提升产品档次，增强企业的文化传播能力，塑造企业文化品牌。在此过程中，技术手段的运用是基本的生产工具。因此，文化产业对人才的知识与能力结构有着特殊的要求，即要求高素质复合型人才。文化产业人才的复合型，主要是指文化产业是一门综合性、交叉性很强的学科，对人才的要求也与其他学科不同，既要求文化产业从业人员具备深厚的人文功底、广博的知识储备、良好的艺术修养，又要清楚文化创意与生产制造产业之间的关系，准确区分其经济意义与文化意义，能够进行科学的管理运营，同时又掌握必要的科技知识，如数字化技术、信息技术和网络技术。

总体而言，当前关于文化产业人才培养目标所达成的共识是，文化产业是一门综合性、交叉性较强的学科，应该按照“厚基础、宽口径、强能力、高素质”的要求，培养国际型、复合型、应用型、创新型文化产业管理人才。

在传统的人才分类体系中，可以从以下两个角度对文化产业人才进行分类：从职业的角度分类，文化产业人才既包括具有创意能力和技术能力的专业人才，又包括将创意转化为经济价值的人才，是受过多重教育、有创新精神的艺术、管理、技术“三栖”复合型高级人才。北京大学文化产业研究院向勇教授将文化创意人才分为七类，其中包括：创意人才（艺术家、设计师、导演等），技术人才（音乐制作人、录音师、摄影师等），经营人才（社长、团长、经理人等），营销人才（营销总监、市场推广主管等），通路经营人才（戏剧经营者、拍卖经销商等），管理人才（经理、总编、总监等），研究人才（教授、研究员、咨询顾问）。根据文化产业发展产业链，文化产业人才可分为创意、策划、经营、管理四类。创意人才指将创意融入产品设计、生产和经营的各个环节中，以技术和创新介入产业化生产方式，提升产品的文化附加值和艺术附加值的人才；策划人才指从事知识咨询、专业评论、活动策划、信息对接及组织承办等的人才；经营人才是指从事市场调研预测、生产、营销、售后服务等的人才，为资产资本运营方向负责；管理人才是能够对产业环境进行科学评估和把握，站在行业角度审视企业发展方向，制定发展战略的人才。

随着“互联网 +”时代的到来，文化产业的人才培养目标发生了改变。

首先，文化产业的融合发展使原有的专业界限和知识格局被打破。随着文化产业内部行业的融合，文化产业与其他产业之间的融合，以及文化产业发展与政治经济、文化、社会各领域建设的融合，专业及行业间的壁垒不断被打破，新的行业形态不断产生，原有的知识格局及专业之间的界限不断淡化和模糊。同时，文化产业的产业化发展需要完备的产业链作为支撑，在互联网时代，这个产业链不再仅表现为垂直型，而是表现为垂直水平相混合的全产业链复合形态，同一行业内部上下游联动和不同行业类别之间分工协作的发展态势日益明显，相互触动、相互传导、相互影响。从文化产业与其他产业融合来看，文化产业的结构已经跨越了一二三产业，现有的任何产业业态或经济活动都或多或少地渗透了文化内涵和文化元素，产业门类交叉整合，产业界限日渐模糊，并不断催生出新的产业业态。

其次，“互联网 + 教育”为复合型人才的培养创造了更好的条件。文化产业涉及门类众多，对人才素质和能力要求极高，又要求具备行业的经验和实践的操作。很显然，依靠传统的人才培养模式，单纯的本科层面教学是不可能做到的。为此，有学者建议文化产业的人才培养层次重点在硕士及以上阶段，最好创新开设“文化产业管理硕士”（Master of Cultural Industries Administration，简称 MCA）专业学位，培养具有文化产业核心思维理论和操作运营技能的硕士生。在本科层面，开设文化产业双学位，即在学习文化产业管理的同时选修其他相关学科，在进行传统学科训练的同时，针对创意管理能力的核心胜任力进行训练。但是这种思维模式仍是基于传统分科制教育模式的。

在“互联网 + 教育”时代，随着慕课及其他类型在线教育平台的开放，网络提供了全球范围内大量优质的文化产业教育资源，教育不再受时间、空间和学院、专业的限制，无论是在校学生还是文化产业实际从业者，完全可以根据自己的兴趣爱好和工作需要选择全球范围内名校名师的课程，通过自主学习完成对自己的能力培养，完善自身的知识结构，使自己成为业界发展所需要的复合型人才。

（二）“互联网 +”时代的人才能力要求

文化产业人才培养的根本在于培养人才的核心能力，以使本专业人才具备核心竞争力。这种能力不同于文化研究、产业经济学及艺术学所要求的专业能力，而是文化产业管理专业学生特有的核心能力。传统的文化产业人才培养，要求学生具备文化项目策划能力、文化企业经营管理能力、文化资本运营能力等，在“互联网 +”时代，这些能力仍然是文化产业从业者需要具备的核心能力，这也对文化产业人才的能力培养提出了更高的要求。

首先，需要具备自主学习能力。文化产业门类庞杂，知识谱系复杂。在线教育使学生不仅能够自主选课，而且可以参加线上社区和线下小组的讨论。学生与学校、学生与学生之间的关系不是疏远了，而是更为紧密了，沟通渠道更为畅通了。这种参与式学习、讨论式学习，将取代传统的灌输式学习。在网络教育模式下，学生之间的相互交流也是自主学习的重要组成部分。印度有一位教授苏伽特·米特拉（Sugata Mitra）曾经做过一个实验，选择些从来没有见过电脑、不知道什么是互联网的贫穷村落，在墙上安装电脑并连上网络，然后挑选一批从未接触过电脑的孩子，让他们自由使用，整个过程中工作人员和老师不得干预和指导。米特拉教授观察到，第一个来到电脑前的是一个 13 岁的孩子，经过 8 分钟的摸索后他学会了上网。然后，他将村子里的其他孩子带到电脑前，并教他们上网，一天之内就有大约 70 个孩子学会上网了。这个实验告诉我们，孩子们的学习能力是很强的，只要给他们提供一个可以相互学习、相互交流的平台，就会产生意想不到的效果，他们会在相互比较、相互模仿中快速掌握某些知识和技能，所以要善于利用学生的自主学习能力和相互学习能力。例如，现在有很多学习型的在线社区，针对同一门课程，社区成员之间可以相互交流，你的疑问会有其他同学替你解答，你的观点会引发大家的争议和讨论。假如这个群体有 5000 人，你就可以从这些人那里进行学习，而不仅是针对一个老师一门课程进行学习。这种巨大的学习资源是传统教育无法企及的。具备了自主学习能力，文化产业从业者才能适应网络时代瞬息万变的文化产业新兴业态。

其次，需要具备创意创新能力。文化产业作为创意产业，最核心的能力在于创意创新能力。国际创意产业研究专家佛罗里达在《创意阶层的崛起》一书中指出，才能与创意，是今日社会最重要的财富源泉，城市经济是否兴旺，关键要看它能吸引到多少创意工作者，来从事城市的新经济建设，而不是有多少工厂、高楼或者多优惠的税收政策。佛罗里达进而提出了创造创意社会的“3T”理论，“3T”即技术（technology）、人才（talent）、宽容（tolerance），以此来观照中国的文化产业，刚刚起步的文化产业尚未形成创意阶层，但已具备了创意阶层形成的基本条件：一是技术上，互联网及现代信息技术的发展为创意阶层提供了强大的技术基础，如众多的科研单位以及对技术的大规模投资都为技术的完善提供了条件。二是我国越来越意识到人才的重要性，为人才创造宽松的政策环境，在国家“十二五”规划中把创新型人才建设提升为首要目标。中央和地方各部门正在尝试研究以媒介消费网络完善创新型城市建设，为创意人才建立更好的信息共享空间和创意环境。三是人才的培养，在这方面仍存在薄弱环节。创意的产生需要一定的条件，正如罗伯特·弗兰兹在《创意无限》中所说，创造能力的发挥需要辅以各种智慧能力和思维品质。跨学科知识有利于创造能力的发挥；多接触文化产业实际工作，创意并不能凭空产生，需要在不断的实践和试错中寻找灵感；注重对学生思维能力的训练。而这些都可以通过互联网教育的形式来进行。

最后，具备持续发展能力。学生可持续发展能力强调的是知识的内化和人的潜能发展，意味着要不断提高一个人的综合素养，在职业生涯中具备无限上升的可能性，能够胜任各个层面的职业岗位。例如，在广告公司工作的文案人员在未来职业发展中可以上升到部门经理、副总经理、总经理，甚至可以跨界到其他领域从事综合性更强的工作，这就是个人的可持续发展能力。

只有这样，才能应对互联网时代新生事物层出不穷的文化市场。可持续发展能力的培养意味着终身学习的必要性，互联网教育为终身学习提供了可能。值得注意的问题是，当今中国文化产业呈现出蓬勃发展的趋势，需要大量的应用型人才，如果在人才培养中过于迎合市场的浅层次需求，文化产业教育就会沦为职业教育的工具。即使是职业教育，不注重人文素养的积累，过分关注本专业、本工种的技能和知识学习，会使学生失去可持续发展的能力，不能适应“互联网 +”时代的社会发展需求。

（三）“互联网 +”时代的学科创新

创新是学科发展的必然要求，根据库恩的范式理论，一个学科成熟的标志是形成自己独立的学科范式，其中包括标志性的学科理论，学术共同体，明确的研究对象，独立的研究方法，规范的人才体系。学科建设是一个漫长的过程，需要不断沉淀积累，才能慢慢臻于完善。文化产业作为一门新兴学科，要想在未来道路上走向成熟，让自己与传统学科相比有所创新，必须形成自己的学科范式。

1. 学科建设

学科建设是学科发展的根基，是拿什么培养人的依据。传统的文化产业学科建设注重学科的师资力量、招生规模、办学层次等硬性指标，在互联网时期应该做出相应的调整。作为相对独立的知识体系，文化产业不同于传统的研究型大学那种基础性的学科，而是教学应用型的学科，它与文化产业实践密切相关，因此在学科建设中，要与文化产业的学习对象的认知结构对接和合拍，要充分考虑到文化产业内在的规律和人才需求。在学科建设中需要考虑学科定位的问题，学科建设以扩展外延为侧重点，还是以内涵建设为侧重点，这是学科定位的前提。在互联网时代，作为应用型学科，文化产业的学科定位应该是扩展外延在前，深化内涵在后。“扩展外延”在前，就是支持和服务于现在高校所开设的文化产业本专科层次教育，充分利用互联网教育资源，鼓励企业、社会机构与学校合作开发更多的在线课程，普及文化产业基础知识，鼓励更多的人加入文化产业理论学习队伍。“深化内涵”之后，在文化产业学科建设达到一定规模的基础、基础理论和基本框架已经确立的基础上，提升文化产业的理论深度，建立文化产业特色办学示范点，优化文化产业办学质量，提升办学层次。鼓励文化产业分支学科的发展，培育出一批能够代表学科学术水平和师资水平的、有高度的教育品牌，尤其是互联网教育品牌，以提升学科的整体建设水平。

2. 教学学术

要借助互联网，不断促进创新教学学术，培养文化产业人才，提供学术支持。随着信息技术的飞速发展，教学学术逐渐成为学术研究领域中一种重要的范式和方法。传统教学学术以教学问题研究为主，以“教与学”为中心进行研究，其目的在于寻求最优化教学，实现高效学习。在教学学术中，研究包括如何制定符合社会与人全面发展的人才培养的目标，包括质量目标，怎样设计好相关知识、能力与素质结构，以及该结构的实现方式。高校进行教学学术研究势在必行，因为没有一流的教学学术，就没有一流的教学相长。文化产业的人才质量有赖于人才培养模式的有效创新，而人才培养模式的创新离不开教学学术。在互联网教育时代，文化产业教育的内容、形式、方法、测评、管理都与传统的人才培养模式有所不同，这就要求文化产业要重视新时代背景下的教学学术研究，以提升人才培养的内涵和高度。一是要建立新的学术规范，根据互联网教育的特点重新设计研究对象、研究方法和研究程序。二是完善教学学术评价体系。互联网时期的学术评价不能采用传统的科研评价体系，要加大网络影响力在教学和科研中的认可程度，创新教师奖惩与晋升制度、创新教师专业发展机制。三是加强学术交流。充分利用现代信息技术手段，搭建教学学术交流平台，通过学术会议、高峰论坛、交流研讨的方式，使学界前沿信息得以传播，优秀学术观点得以推广，学术传承得以实现。

3. 课程开放

在互联网时代，评价一门课程的好坏不仅取决于该课程是否是精品课，还取决于这门课程的网络影响力。信息时代为网络课程的传播提供了渠道，一门课程的影响也不再局限在本校师生的小范围内，而是可以在全社会范围内传播。一门优质的课程在网络平台上可以创造上千万甚至上亿的点击量，使几十万人受惠，这是以往时代不可能达到的。因此，大学教师不仅要有提升课程质量、创造优质教学产品的意识，还要注意提供课程相应的支持和服务，即注重对课程的宣传渠道，做好课程的周边服务，如这门课程适合什么年龄段、有什么知识背景的人学习、能够提升哪些能力和素养等，从而帮助学习者找到适合自己的学习资源。世界范围内已经有好多开放大学的先例，这些开放大学的课程学习对象包括各个年龄阶段的学习者，开设课程种类繁多，学习者可自主选择，学校为学习者提供便于学习的各种条件和帮助。

4. 教育形式

在线教育对于成千上万的学习者而言，是利用移动终端、网络就可以挑选自己喜欢的学校、教师和课程等。又如，微课、翻转课堂、手机课堂，这些新颖的课程模式教学模式正改变着人们接受教育的方式，也为学生提供了全新的课堂学习时空，知识的来源不再限于教材和教师。再如，在互联网时代，网络提供了海量的课程资源与电子资源，打破了时空限制，使得各学科课程内容全面拓展，学习者接受教育实现了前所未有的便利。

（四）任重道远：互联网教育应该关注的问题

互联网给文化产业的人才培养带来了发展机遇，但这并不意味着互联网带来的全部都是机遇而没有挑战，更不意味着互联网能够解决文化产业学科发展中的一切问题。在互联网背景下，人们需要客观分析新兴教育模式与传统教育模式的关系，不能顽固守旧，也不能矫枉过正。同时，还应该看到，互联网教育还处在起步阶段，未来还有很大的发展空间，对互联网教育发展趋势进行正确的判断，也是人们需要关注的问题。

1. 互联网教育与传统教育的关系

新兴互联网技术来势迅猛，伴随着大数据、云技术的发展势头，已经引起思维方式、教学方式、教研方式的系列变革，给传统教育带来了颠覆性的冲击，开启了教育的新时代，同时给教育教学领域带来更大的挑战，如互联网教育也存在碎片化、表面化以及失控的特点。

人们发现在线教育不能替换传统的学校教育。在线教育为学习者提供了丰富的教学资源、智能化的学习软件、便利的学习工具，但对于学习者而言，如果没有老师的正确引导，很有可能在浩瀚的知识海洋中迷航，失去方向。因此，不是说互联网技术越先进、速度越快、在线教育越生动和富于表现力，就越有效率，教学效果就越好。因为教育最终还是需要教师和学生之间的互动才能完成。

因此，在当前“互联网 +”背景下，既要发挥互联网教育的优势，彰显在线教育的多元性、立体性、主动性，也要充分发挥传统教育的学科规范性、教师引导和班级课堂隐性教育、集体熏陶性和合作性等作用。

新美国基金会教育政策部主任凯文·凯里（Kevin Carey）在出版的《学院的终结：缔造学习的未来及无处不在的大学》一书中充分肯定了慕课的价值取向，但同时也指出慕课无法撼动当下传统教育，它们彼此是一种共存共融关系，充当“学习的粒子加速器”。悉尼大学校长迈克尔·斯宾斯（Michael Spence）也曾表示：“现实课堂教育将不会被取代。教师的作用、学生间的交流、课堂氛围将不会被取代。”①

互联网教育可以为学生提供优质的教育资源，相较传统教育，互联网教育更为便捷、更能激发学生的学习兴趣，同时费用和成本也较低，这是互联网教育的优势。然而，作为新生事物，互联网教育也有很多不够完善的地方。

人们对互联网教育最大的担心就是其互动性不足，通过网络进行授课，会让原本的师生面对面交流变得虚拟化，使学生的注意力下降，合作意识淡薄，甚至会影响学生对于课堂的接受程度。相对而言，传统课堂更容易带动师生进入深入的交流和探讨的活跃气氛中，有利于学生合作意识和沟通能力的培养。大学最重要的是浓郁的学术氛围和开放自由的学术风气，让学生们在校园中、在课堂上感受老师的人格魅力以及同学间朝气蓬勃的气氛。从这个意义上说，传统课堂和传统校园的地位是不会动摇的。

从教学目标上讲，互联网教育最大的优势在于信息量大，课堂资源丰富，学生可以根据自己的爱好自主学习。然而，这同时也是一柄双刃剑，信息量大也意味着信息泛滥。学生在大量信息中如果缺乏自主选择能力，很容易迷

① 潘新民. 数字化时代学生学习方式转型研究 [M]. 重庆：重庆大学出版社，2019.

失学习目标，难免走一些弯路。在这样的情况下，教师的引导作用就成了必不可少的要素，能够使学生有明确的学习目标，掌握课程的总体脉络和主线，发挥传统教学的指向作用，同时加强课程效果的反馈监控，及时了解学生的学习状况，并对其进行及时恰当的指导。

从教学内容上看，互联网教育的运营模式往往采用学校和企业结合的形式，由学校提供教学资源，企业提供技术支持。这样做的优势在于促进学校和企业的密切合作，培养的人才更能迎合社会需求。而传统教育作为相对独立的教学体系，能够纠正互联网教育所带来的偏差，保证教学内容的科学性和知识的系统性。

那么，传统教育与互联网时代的教育应该走相互借鉴、互为补充的道路，也就是混合式教学是融合二者的最好模式。通过混合式教学，可以让传统教育和在线教育做到优势互补，既能充分发挥教师的能动作用，提高学生的学习效率，又能充分发挥学生创造性、参与性、主动性的主体作用。甚至有人认为混合式教学可以充分扮演和发挥双主导角色和作用。许多事实告诉我们，在线教育无法替代教师的教学设计、课堂引导，无法囊括学生的不可预知的反应和各种生动且神秘的课堂生命体验。

混合式教学是近年来国际教育技术界逐渐开始重视的概念，由何克抗教授在“全球华人计算机教育应用第七届大会”上首次正式倡导。何克抗教授认为“混合式教学”是未来教育技术的发展趋势，是国际教育技术界关于教育思想和教学观念的大提高与大转变。这些思想实际上是当代教育技术理论的回归，是一种螺旋式上升。混合式教学正迎着科技的发展前进，它汇聚了传统教学与多媒体网络教学的优点，它协同各种新的理念一同推进教育的改革，把教育推向一个更高的层次。因此，混合式教学的发展前景是很辉煌的，它将成为教育的主流。在线教育有利于学生的自我参与、自我建构的学习，实现自主探究、材料收集处理、多元选择等活动，进而达到知识的主动建构。而传统教育有利于师生沟通协商，直面情感交流，处理突发反应等。所以混合式教育将成为现代教育的一个趋势。

2. 专业能力与人格培养的关系

互联网为求知者提供了更丰富的教育资源和更便利的学习条件，从专业能力培养角度来说，更有利于人才的培养。然而，教育的内容不仅是知识的学习和能力的培养，还包括健全的人格、良好的学习习惯和养成正确的思维方式。有人认为，互联网生态下的开放教育有可能会弱化教育的育人功能。传统的教育中，教师通过面对面的交流将知识传授给学生，在传递知识的过程中，教师要将德、智、体、美等育人工作融入进去，通过言传身教的方式向学生传递正确的人生观、价值观，及时纠正学生人格发展中的偏差，通过老师和学生之间的情感交流，培养学生尊师重教和教学相长的良好气氛。然而，在互联网时代的教育中，师生之间更多的是知识和信息层面的交互，教育的育人功能和情感关怀被弱化。

一是学习能力的培养。互联网为我们提供的教育内容鱼龙混杂、良莠不分，学习者，尤其是初学者，面对纷繁庞杂的学习内容，对专业知识没有足够的道德判断能力，很难保证正确的人生观、价值观、良好的道德品质的养成。碎片化学习使得学习者专注度下降，学习深度下降。互联网降低了学习的门槛，随处可见的知识分享和信息传播给人们的学习提供了便利，学习者可以随时随地选择自己感兴趣的知识进行学习，学习的广度大大增加了。然而，学习时间、学习内容却严重碎片化，学习者利用乘坐公交车、课间休息、睡前十分钟等零碎时间，学习了解一些零碎知识，这样会导致学习者养成懒于思考和知识加工的坏习惯，对于唾手可得的大量碎片化知识和信息一目十行而不加思考，学习内容的碎片化会使知识与知识之间的关联难以建立，从而使学习者学到的都是很多零散的点，而难以加工成有意义的知识网络。如此，学习者的学习深度很难保证。

二是健全人格的培养。健全人格是个人成长和成才的基础。人格是通过社会化而形成的具有相对稳定性的个人特质的综合，是个人知识、品德、经验、情感、思维方式、价值观念、行为方式等因素构成的有机统一体。健全的人格主要包括“三心”（仁爱心、进取心、自信心），“三感”（幸福感、价值感、责任感）和"三力"（自制力、耐受力、创造力）。人格健全，才能价值观端正，能积极乐观地去适应环境并加以改进，有自主、坚强、勇于开拓的精神，拥有积极进取的优秀品格、健康活泼的心理素质，面对挫折，有较强承受能力，也可以自我调节，沟通能力强，团队合作能力强，也就是当前流行的"全人教育"。教育的最终目的是培养有健全人格的独立个人，互联网教育作为一种全新的教育模式，将个体与社会紧密联系起来，为人们提供了一个开放、平等的交流平台，促进了学生个性发展及综合素质提高。但是，就目前来看，互联网教育在这一领域中并没有发展成熟，虽然有各种各样的在线课程和教育，但是目前的在线教育更加注重知识点教学，教师所面临的学习对象具有不确定性，个性有差异、文化背景不同、智力水平不同的人，全部受到相同的教育，没有针对性，另外，人格培养借助虚拟环境的网络教育实现在目前来说是有难度的。就此而言，传统教育具有互联网教育无法替代的优越性。教师可采用面对面的方式进行沟通，有的放矢，全方位培养学生个性，更利于学生全面发展。

三是情感意识的培养。学习的过程不仅是知识的获得，还是情感交流的过程，在学习过程中，老师通过"学高为师，德高为范"的言传身教，通过教学相长和人格魅力的发挥，给学生做出榜样。同学之间通过良好的学习氛围、积极向上的学习态度、友好合作的交流沟通，相互影响相互学习，学生在学习过程中感受到爱与关怀，体会到师生情、友情、亲情和爱情。学习的过程有助于学生情商的培养，提高学生的感知能力和情感表达能力。互联网教育使得学生"不出门便知天下事"，学习者的学习快捷方便，但是学习环境是封闭的虚拟的，所有的知识学习都可以通过互联网独自完成，缺乏与老师、同学之间的情感交流，学习者与外界的情感纽带被割断，长久下去，学习者可能会变得孤僻、情感冷漠，不会与人交往，缺乏适应社会的生存能力。

在专业能力与人格培养的关系上，前者固然重要，但后者是前者的前提和保障，教育的本质更多的是对人本身的关注，而在这方面，互联网教育还存在明显的缺失，这种缺失可能是互联网教育本身无法克服的，需要与传统教育相结合，才能共同达到教育的终极目标。

3.“创客教育”与文化产业人才培养

《新媒体联盟2015地平线报告》（高等教育版）指出，“创客教育”是高等教育信息技术中期应用趋势。国家政府报告中也提出“健全创业辅导指导制度，支持举办创业训练营、创业创新大赛等活动，培育创客文化，让创业创新蔚然成风”。“创客教育”是指培养学生创新、创业所需的知识、能力、视野等方面的教育行为。在文化产业未来的人才培养中有效运用互联网手段，发展“创客教育”，将会解决文化产业人才培养中的短板问题，对互联网时代的文化产业教育来说，这是趋势也是挑战。

首先，是创业课程的设置。“大众创业”时代的来临，为从事文化产业的从业者带来了创业的利好条件。然而，在文化产业人才培养体系中，创业教育却属于薄弱环节。创业课程不够系统、缺乏可行性，理论与实践不统一等问题，使得文化产业的创业教育远远不能满足学生的学习需求。原因在于多数学校没有优秀的创业老师，很多学院派的老师缺乏实际创业经验，照本宣科，不能有效指导学生的创业实践，从而使创业课程流于形式。互联网教育能够利用网络平台，邀请一批成功和有经验的文化产业界精英从实际创业经验中对如何创业进行讲解，推出一批有价值的、高品质的精品课程，将会为众多创业者就创业中遇到的困惑指点迷津，更加具有现实可操作性。此外，创业课程应该是一个开放的系统，不断吸收业界前沿、最新动态，并通过网络视频平台等与国际知名院校建立联系，学习他们的创业课程，能够开阔视野和思维，以国际化的思维方式进行创业，能够提高创业的格局，开拓更为广阔的市场，加快文化走出去的步伐。

其次，应该关注学生就业问题。近年来，文化产业发展势头迅猛，社会对文化产业人才需求有很大的缺口，然而，每年文化产业管理专业的毕业生却存在找不到工作，或者找到的工作与专业不对口的问题。“专业热、就业冷”这种局面存在的原因，很大程度上在于学校人才培养与社会需求不对应，培养出的人才不能满足文化产业实际工作需求。鉴于此，可以通过互联网改变现有的局面，如创建网络平台，一方面，将企业的培训课程和实际工作流程通过视频展示给学生，学生通过学习了解业界真正的工作情况，有意识有针对性地培养自己的实际工作能力，做到毕业就能就业；另一方面，网络平台可以为每个学生建立数据库，记录学生从进入大学到毕业期间的学业、生活、创业及实习经历，以便企业对学生的素质、能力及性格有个全面动态的了解，找到合适的人才。

最后，需解决学生创新能力欠缺的问题。文化产业关键在于"创意"，对学生创新能力的培养是文化产业人才培养的核心目标。然而，中国现行教育体系是以被动学习和应试教育为导向的，僵化的教学模式和评价模式不利于学生创新能力的培养。"为什么我们的学校总是培养不出杰出人才？""钱学森之问"困扰着一代又一代的教育工作者。如何培养文化产业管理专业学生的创新能力是我们当前需要思考的问题。

创新需要具备的土壤包括三个方面，即自由宽松的社会氛围、多元开放的学习环境与深厚广博的知识背景。而互联网可以帮助我们构建这样的土壤环境。慕课把名校名师的讲座搬到网络上供全世界分享，并通过在线社区等形式供学习者相互交流，这样的学习形式有助于拓展学习者的知识面，磨炼发散性思维，从思想的碰撞交流中产生创新的火花。与此同时，作为网络时代的新生族，年轻人对网络有着天然的亲和力，为互联网教育的推广提供了良好的条件。可以说，年轻人的天马行空与互联网教育的开放包容、自由多元相结合，将会产生无限的创意，推动整个社会的创新步伐。互联网教育作为一种新的教育形态，能否利用好学习者的这一特性，激发和利用好他们的创新能力，也是未来需要考虑的课题。

除以上列举的三条之外，互联网教育中还有很多需要关注的地方。作为创新的手段，教育业在推动"互联网 +"的时候面临着延续性创新和颠覆性创新之间的选择，也是在"+"与不"+"之间的选择，更重要的不是技术，而是新兴教育形式和传统教育形式之间的资源调配问题，这牵涉到很多教师和学校的利益问题，如何进行协调，将会是"互联网 + 教育"面临的一大难题。又如，教育产品的知识产权保护问题。互联网教育的推广不是简单的技术层面的问题，还需要与之相配套的经济发展水平、法律制度保障、文化素养水平，用经济发展水平保证互联网教育的盈利基础，用法律制度保证教育产品的知识产权，用文化素养保证互联网教育内容的优良品质。离开了这些大环境，互联网教育的实现也只能是镜花水月。

在“互联网 +”的研究中，一直存在一个争论，到底是“互联网 +”还是“+ 互联网”，联系到教育领域，到底是传统教育向互联网教育靠拢，还是互联网教育向传统教育靠拢，其实这个问题不是很重要，在“互联网 +”的浪潮中，不是互联网教育和传统教育谁输谁赢的问题，更多的是二者如何融合的问题，是如何融合得更快的问题。古往今来，从孔夫子到亚里士多德，从古代私塾到网络课堂，所有教育的最终目的都是实现人的全面发展，实现更幸福完美的生活。无论是茹毛饮血的远古洪荒时代，还是瞬息万变的现代信息时代，教育的本质没有发生变化。科技进步到底会进入什么样的阶段，我们应该时刻谨记，教育本来就是为了育人，而互联网仅仅是用于升级与改变教育的一种技术手段，信息技术给我们带来的是教育形式与内容上的改革，与学校传统课堂教育相比，网络教育具有极大的优越性，但是，与此同时，人们也意识到，不能割断“互联网 + 教育”和传统教育之间的关联，亦不可故步自封，抵挡现代化教育大潮。

应该看到，互联网教育的核心是优质教育资源低成本、大规模的分享，它是教育的方式与手段在互联网时代的一次革新，能够为传统教育提供优化的工具，甚至引发教育思维方式和教育哲学理念的变革。互联网教育不能取代传统教育，但也会在教育领域掀起一场深层次全方位的变革。

第二节 “互联网 +”时代大学生人才的培养方式

近几年，为促进高校的可持续转型与发展，地方高校根据市场需求状况，根据各地区的实际情况，摸索了多种人才培养模式。

一、基于就业力提升的人才培养模式

当前人们对就业力的概念还没有形成一致的看法。在《国际劳工组织》中，对就业力做出了解释：就业力是指个人取得并维持就业的能力，在工作中不断进步，并能处理工作生活所发生的改变的一种能力。英国教育与就业委员会（DFEE）提出：就业力是指取得并维持劳动的本领，就是通过劳动力市场内部有足够的就业机会，最终达到潜能就业的自信。就业力是个体适应社会发展需要并不断提高自身素质的一种能力。在《维基百科全书》中，就业力被界定为取得初次就业的能力、维持就业和必要情况下获取新工作的能力。在我国，众多专家、学者就就业力问题进行了探讨，认为，就业力既包括维持与替换劳动的能力，也包括个人在事业上永续地成就自己所体现的能力。根据以上的种种解释，本书总结，就业力是就业竞争力的简称，是个人在就业时显示出的一种综合素质与实力，这种素质和实力不仅包括就业需要了解的知识内容、技能和其他硬实力，还包括就业者的性格气质、沟通协调、团队协作和就业技巧等软实力，其中，个人所特有的就业核心竞争力是最重要的能力。大学生就业力的主要对象为高校毕业生，大学生就业力是指高校毕业生的就业竞争力，它是高校毕业生在就业时显示出的一种综合素质与实力（图 4–2–1）。

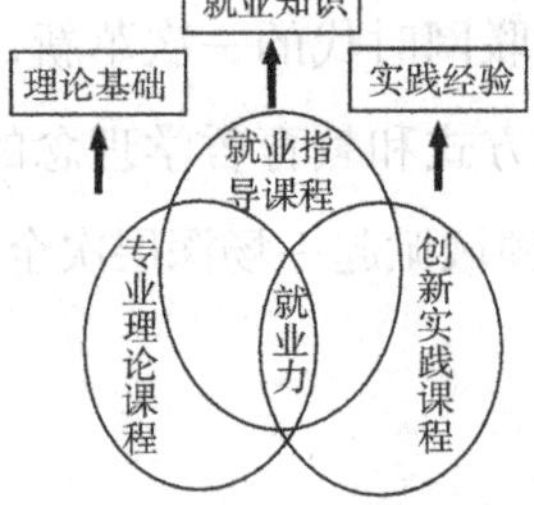

图 4–2–1　就业力模型

对于提高就业力导向型高校人才培养模式，人们可以对教育教学的内容与方式方法进行改革，也就是在课程体系设置、教育教学方式等方面进行的改革，由课程嵌入就业力和教学过程优化建构而成。

（一）“三位一体”的就业力嵌入式课程体系

学科专业在高校和社会之间起着连接作用，课程设置是学科专业的集中表现和反映，更是达到教育教学目的的重要手段。当前我国高校的专业建设存在着严重的学科交叉现象，导致毕业生就业难等问题，而传统单一的专业人才培养模式已不能满足新时期对人才需求的变化。高校要培养出符合社会需要的人，就要以优化专业结构为前提，改革课程。在新的课程改革过程中，更加要强调培养学生综合能力，建设面向市场需求的机制，为提高大学生就业力而构建的综合课程平台体系提供帮助，也就是三位一体就业力嵌入式课程体系，这一课程体系包括专业理论、创新实践与就业指导三方面，属于三位合一课程体系，在课程上既重视专业理论知识学习与积累，更注重创新的实践环节，注重学生职业生涯规划，大力培养学生专业知识与技能，并且把就业力提升贯穿于整个过程中（图 4–2–2）。

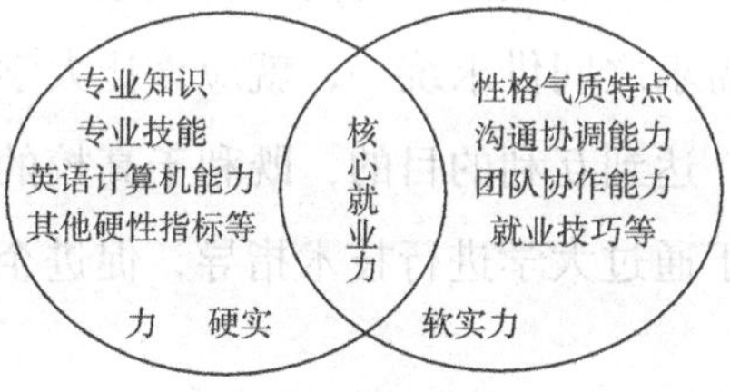

图 4–2–2 “三位一体”的就业力嵌入式课程体系

（二）基于就业力提升优化教育教学方式

探索新型教育教学方式和手段，要面向企业与社会需求，注重对学生创新精神与创造能力的培养与促进，以人才培养目标为中心，利用学生的自主学习、合作学习、探究学习的方法等，不管是校内资源还是校外资源统一整合，构建学生多种创新实践的平台，让毕业生的整体就业力不断提升。它主要是由各类专业技能竞赛，各种学术活动、职业资格培训、工作室模式、科技创新团队以及顶岗实习和卓越工程师计划等组成。

二、校企合作人才培养模式

伴随着高校毕业生的连年增加，每年的失业人数也在呈上涨的趋势，这无疑为高校、大学生还有社会带来巨大的压力。企业招聘往往是一个岗位都有几十个甚至上百个人来竞争，甚至现代高校的毕业生要面临零薪资就业的严峻局面，高校人才培养和企业人才需求之间有着严重的矛盾。人们可以看到，在每年，高校的毕业生30%左右无法成功就业，这是就业量的问题；还有一点，由于缺乏相应的就业指导和服务，部分学生在择业时感到迷茫甚至无所适从，其中，一部分学生学非所用，找到的岗位和自己的专业不对口，现实和理想并不是一致的，就业遭遇质的困扰。但是在人才需求市场上却出现了大量的企业面临着用工荒和技工荒的问题。解决大学生就业、企业用人已经成为全社会关注的热点问题。我国劳动力的总量是比较充足的，并且是处于富裕的状态。但各行业所需的专业技术人才数量并不够，有很大的缺口。在这种情况下，就需要高校提供更多的高素质人才来服务社会。要想让高校人才培养和企业人才需求之间供求统一，就应该让大学培养的人能够适应企业需要。使校企合作，达到互利的目的，既利于高校的人才培养，推动高校自身的发展，还有助于通过大学进行技术指导，促进企业良性循环，实现可持续发展。

（一）校企合作人才培养的主要模式

要根据经济社会发展的需要，以及用人单位的真实需求，培养实践性、操作性和应用性都很强的高技能人才，使学校与企业的联系更加紧密，这也是地方高校的核心优势所在。实施灵活的学习方式，打破了大学全日制学习的传统模式，实行全日制和部分时间制相结合的方式，并且逐步将工学交替、双元制、学徒制、半工半读以及远程教育等融入其中，这样，学生就有了更加便利的服务，也有了灵活多变的学习途径。尤其是学徒制，有着中国传统的教学优势，可以采取和企业共同招生、共同培养等形式，促进学习方式更进一步发展。

1. 校企合作办班模式

学校从企业特定的人才需求出发，可以特设 1 个或多个班，制定针对性的人才培养方案与教学计划，在这些专门的班级中，企业直接给学生提供实习、实训的基地，以及岗位轮训，促进学生实践操作能力的培养。校企合作班就是其中一种形式。校企合作班所培养人才不用担心毕业后的就业，大部分学生可以直接进入合作企业工作，这样人才输出通道畅通，再直接对接企业，帮助高校双师型教师的理论教学和实践教学能力不断提高，实现产学研结合。在 2007 年 9 月，宁波大红鹰学院和宁波九龙物流有限公司合作开办“红鹰九龙物流班”，泉州中泉船务公司每年都要在上海海事大学举办若干个“委托培养班培养”，对专业学生进行船员培训。

高校和企业合作开设专业班级，建立大学生实习项目，定向培养企业需要的人才。这无疑有利于培养出符合社会需要和经济发展所需的人才。企业和高校要在人力上、物力上和财力上不断支持，针对合作班大学生开设部分实习项目。学生入学后，先接受两年的基础教育，等到第三年，学生可按需要参加合作班的学习。在毕业前，学校对合作班中的大学生进行全面系统的考核。合作班针对企业的特点与需要，通过有针对性地开展课程设置与培养工作，培养的学生更加符合企业特点，更加有利的是，减少了毕业生进入企业后的适应期。

这一模式具有明显的优越性，第一，合作方式更加灵活多样，第二，班级人数偏少，为学校安排教学和实践活动提供了方便，又方便了企业对人才的消化。基于种种优势，所以这一人才培养模式得到了很多中高职院校以及企业的普遍应用，办班形式也在不断创新，有针对性的录用班、定向委培班，以及企业订单班和“企业冠名班”的方式层出不穷。但是，人们也要看到，合作办班模式并不是完美的，同样存在局限性，例如，人才培养是为单一企业服务，多少导致学生缺乏系统的专业理论知识；学校与企业在利益追求上存在视角不统一等问题，还容易产生人才培养的断层，造成学校、企业在师资、设备上的浪费。

2. 校企合作办专业模式

校企之间深层次合作办学模式主要表现在以下两个方面：

（1）工学结合

这种工学结合培养模式，一般采取"2+1"或者"3+1"人才培养的方式，也就是将工作与学习相结合。学校与用人单位共同参与制定教学计划，确定教学内容。从真实生产、服务的技术与整个流程这两点建设教学课程环境，根据产业运转过程中实际使用的装置、工艺建设实训基地等，针对行业与企业发展中存在的现实问题，设置教学与研究课题。在大学方面，主要承担着2年或3年的人才培养任务，教学的重点是理论课，辅以实验、实训等实践性的教育教学环节。由于学生在毕业进入社会进行工作前需要做大量准备，必须在这2~3年内完成基本理论课学习并修满学分，之后企业负责人才培养任务，这个就放在了最后的一年。另外，在这一年，学生还要将学习从学校理论学习阶段向企业实践培训阶段转变，一年内完成实习实训报告、毕业设计及其他工作，这被称为"2+1"或者"3+1"。该模式最大的优点在于实现学校与企业无缝衔接。例如，自2009年起，泉州中泉船务公司与泉州师范学院联办航海学院，创办了航海技术、轮机工程本科专业，自2011年起，正式招聘第一批学生入学，同时建立船员培训中心，学校与企业各显神通，联合培养人才。该模式要求学校与企业的联系十分紧密，如果联系得不够紧密，双方交流合作的意愿不深，学校与企业的合作也就失去了意义。

（2）工学交替模式

工学交替模式就是在校学习与到企业工作相交替的人才培养模式，采用分段式的教育教学，完成培养人才的任务。这种模式既满足了学校培养人才的基本需求，又满足了社会对应用型人才的要求。校企双方联合制定一定专业的人才培养方案，还要出具详细的教学计划与生产实习的计划，学生可以在校期间直接去企业工作，一边学习，一边工作，做到学习与工作双管齐下，相互促进。这种模式的最大优点是，学生能够把在学校里学到的专业技术理论和企业生产活动中的需求有机地融合在一起，可以锻炼学生应用专业知识去处理实际问题。同时，高校也可以帮助企业提高产品质量及管理水平，减少因质量不合格而造成的损失，这对于促进双方共同发展有着十分重要的意义。企业合作方是高校学生的校外实习实训基地，使得高校所培养的人才正是企业所需要的。高校合作方给企业减少了职工前期培训费用，以及向企业输送高技能、高素质熟练工，从而提高了企业在市场上的竞争力，做到高校与企业“相互反哺”。然而，这一人才培养模式也有一定的缺陷，它的流程较为烦琐且高校、企业与学生责任易冲突。

3.“订单式”人才培养模式

“订单式”人才培养是学校和企业“签契约，订用人”的一种人才培养模式。即学校与企业共同签订培养合同，规定双方在人才培养过程中各自承担的责任及权利。合作企业从高校“下单”，根据自己的需要订购毕业生；学校按企业“订单”直接在招生的时候就按照企业订单需求招生。校企双方签订了用人协议，还要联合制定人才培养方案，双方的资源也要做到共同利用，做到校企合作共赢；合作的企业也要对人才质量进行评估，并且根据和学校的约定，履行让学生就业。这也是目前国内很多高职院校实行的以市场为导向、以能力培养为主线、工学结合模式的一种新型人才培养方式——“订单式”人才培养方式。这一人才培养方式的最大好处是将“高校人才输出”和“企业人才引进”无缝衔接，学校培育的“人才”是适销对路的，做到招生和就业相统一。然而，这一人才培养方式需要校企双方共同实现，企业存在着大批量的人才需求，学校可以培养出企业所需特殊人才，要求企业的发展必须多年稳定，对“学校的教育质量，企业的经营风险”与学生就业的双向选择承担风险。

4.校办企、企办校模式

早在20世纪50年代，我国就出现了“学校办企业，企业办学校”的人才培养模式，这种模式历经数十年发展变化，目前已经进化到教学管理与企业运营合一的阶段，职业教育与企业生产合一。主要表现在以下三个方面：

第一，校中厂、校外厂的模式。各校依据自身实力，办出自己的特色企业，校办企业所需的人力资源，都是靠学校来培养，学校在经费、场地、设备、师资、技术和人才等方面进行了整合，实施企业化教学、科研与生产活动以达到教学的目的，实现生产功能一体化。这类企业如清华大学、北京大学等在中关村创办的高科技产业公司，可以做到人才招生、培养和使用自然衔接。

第二，厂中校、厂外校的格局模式。在我国现阶段，企业办学校是一种比较普遍的办学形式，也有不少成功的案例。企业按其经济实力出资办学，建办公楼、教学楼、实验室和学生宿舍及生活设施等，并引入师资，自办学校，培养自己需要的人才。

第三，大学生创业基地与产业孵化园模式。学生在校期间就可利用课余时间参与到创业活动中去。各大学按照政府所给予的方针，立足现实，理性兴办大学生创业基地或者产业孵化园。高校与创业项目公司联合创办孵化器或专业孵化机构，可以将科技成果转化为现实生产力。在校学生可根据自己学习的知识和技能，结合市场需求，制定创业计划，充分利用多种有利因素，积极进行创业活动。各大学还要成立专家评估鉴定小组，根据优秀企业计划方案，扶持大学生创业实践，以及对它的方针、技术及其他方面进行指导。各院校也可邀请部分创业成功校友来校做专题讲座，使在学校创业的学生在各个方面都能有所准备以减少风险，从而实现较高水平就业，或成功创业。

5. 建立实习基地模式

构建校企合作伙伴关系，建立起校企合作规划，构建良好的培养机制，学校和企业相互建设实训基地，尝试多种校企合作的模式，让学生接受企业一线有经验技术人员的辅导，参加生产或者技术项目，对学生实践能力进行培养。同时在实际生产环境条件下，有利于训练学生软技能及负责任的态度，让学校人才培养与企业生产服务流程、价值创造过程有机结合，也有利于加强同企业的合作。通过开展校内顶岗实习活动，让学生掌握基本操作技能，增强动手能力，提高职业素养，促进学生全面发展。学校主动和企业签订协议，建立“大学生实习基地”，使企业参与培养学生的实践经验，在学生空闲时间或者寒暑假送学生到企业实习，提高学生工作经验。另外，在教师方面，学校可以组织教师参与企业开展有关项目合作，这有助于教师对企业的管理理解更加深刻，对企业生产情况及所需手艺更加清晰。可以直接聘请企业专家授课或担任客座教授，担任本科生或者硕士生导师，促进教师与企业高级人员双向兼职工作、双向流动。

6. 现代学徒制人才培养模式

在对地方性的高校进行人才培养的机制上的改革过程中，要注意两个环节，一个是实践课程，一个是实习。在课程设置上，最终的目标是能让学生发展出运用理论知识解决实际发生的问题的能力，因此，要将实践性的课程和案例课程这两种课程的比重增加。在整体的培养方案上，建议为学生制定“实习学期”，这个“实习学期”至少有两个，还应该作为必修的课程。现代的学徒制人才培养的模式中体现出，职业教育和职业培训应该是融合在一起的，需要同时进行，不能单纯当作职前和职后的培训，需要打破了传统的固有观念。

现在市场出现一对矛盾，就是企业对人才有很大的需求，但是市场中的人才却是缺乏的，高校人才培养却是相对过剩的。在市场经济条件下，这种供需矛盾越来越突出。为了解决这一矛盾，就要加强校企合作人才培养，进一步强化人才培养的效果，校企合作的人才培养模式应做到“六个合一”，也就是学生和学徒合一、教师和师傅合一、教室和车间合一、作品和产品合一、理论和实践合一、育人和创收合一，这样会使得高校与企业在技术、装备、场地、资源等方面真正地接轨起来，做到信息与人才无缝衔接。

（二）校企合作人才培养过程中需要解决的问题

校企合作，联合培养人才，用好人才，这样才能解决当前高校人才培养“相对过剩”与企业人才需求“绝对匮乏”之间的矛盾。校企合作不仅为学校带来了新的办学思路、教学手段及管理方法等方面的创新，也对学生就业起到重要作用。在高校方面，大学通过和企业开展合作，充分挖掘企业资源，实现培养目标，做到人才培养适销对路；在企业方面，企业通过与高校的合作方式，得到所需要的人力资源，较好地完成企业的发展目标。在这种模式下，双方形成了互利共赢的关系。要想让校企合作人才培养得到良性发展，就要处理好合作中的若干问题。

1. 合作的层次问题

当前，不少高校和企业都存在着合作培养人才和用人的想法，但是这种合作并不深入，常常止步于"文本合作"这一初级阶段，合作促进的难点很多，致使合作徘徊不前，常常流于形式，只是表面化的合作。究其原因，主要在于对校企合作内涵认识模糊。事实上，高校和企业都要结合各自具体情况，进行不同级别、不同层次的协作。企业可以对院校大学生提供实习实训、社会实践基地，这种属于浅层次合作；学校也可以对企业的发展和产业升级等提供建议、培训及咨询等服务，企业投入学校产学研资金，这属于中层次合作；还可进行校企相互渗透，实现利益共享、教学—科研—生产三位一体的效果，这种属于深层次合作。

2. 合作双方的地位问题

在目前校企合作的进程中，常易出现学校一头热，而企业积极性不高，静观其变的现象。校企合作中双方的身份模糊不清，易造成权利和责任不统一的局面。为了使校企合作能够顺利进行，就应该明确校企关系及其定位。学校要作为理论教学基地，企业要作为实践培训的场所，学校与企业都十分关键，构成了合作的两大基本内容，二者既存在宏观分工，也存在微观整合，它们的有机结合，是达到既定目标行之有效的方法和强有力的保证，就是要培养出理论与实践密切结合的复合型人才，这种教育模式着重指出，两大主体对技能型、实用型人才培养负有共同职责，发挥着共同功能。学校和企业是平等的，但是双方立场可依据合作模式，有主有次。

3. 合作双方的付出与回报问题

企业和学校联合培养技能型人才，这是双方共赢的好的方法。学校和企业都知道开展校企合作办学是非常有必要的，却也存在一些顾忌。有些企业认为，校企双方这样的配合耗时耗力，耗资巨大，认为“造船不如买船”，倒不如直接招聘得到自己需要的人；还有一些企业认为，由于校企一般的合作周期较长，没有办法解决企业目前对人才的迫切需求，“远水解不了近渴”；也有些企业担心，合作人才培养的风险比较大，合作成果终将无法被公司利用，怕留不住合作培养出来的人才。在高校方面，高校担心，学校合作培养出来的人才不能大部分为企业所吸收，担忧新的培养模式会给大学生带来就业困难；老师认为，这种合作模式不可避免地会对学科专业结构进行重组，需要花大量的时间去重新学习新知识，他们怕原来传统的学科专业结构废弃了，新兴的学科专业结构却不能用，得不偿失。这些担心虽然是片面的，并没有用长远的眼光看待合作，但是也是有一定道理的，这就要做到选择合作，学校和企业一定要真诚相处，敢于承担，一起付出，一起承担风险。

4. 合作的长效机制问题

合作机制具有长效性，校企合作的人才培养模式才能走上良性发展和可持续发展的道路。校企合作长效机制建设的核心问题就是要形成一套有效运行的运行机制。近年来校企合作出现了机制上的问题，难以向纵深发展。现在的校企合作一般都处于自发的、浅层的合作状态，十分松散，其实就形成了“有合无作”的模式。究其原因，主要在于校企双方缺乏深度合作和深层次沟通，没有形成合力。学校充满激情但缺乏能力；企业虽然有需求，但缺乏主动性；政府的意识是存在的，但政策不到位。基于这种情况，各高校要积极深入到企业中去宣传学校，了解企业，着眼于企业需求，积极主动调整人才培养方案、课程设置与教学计划，打好校企合作办学软件基础。企业方面，应该积极主动地深入到高校，推广企业所需人才规格，联合研究和制定人才培养方案，对高校人才培养过程全面认识，认清办学中存在的难点与问题，认真思考校企合作共赢中的各种问题，加强双方的信任，积极主动地协助学校解决目前存在的办学问题，增加高校经费投入，建立校企合作的硬件基础。政府方面，要在高校与企业之间积极深入细致地撮合，出台合理的可操作性政策，扶持校企合作办学，积极推动地方经济社会发展。

三、适应社会需求的创新型人才培养模式

市场竞争的竞争越来越激烈，社会人才需求表现出了鲜明的特征。从目前来看，市场需求呈现以下两个主要趋势：

首先，对人才的需求主要是应用型。市场竞争需要人才，但是人才的要求差异很大，大体上可以分成两类：一是发现并研究客观规律的研究型人才，二是把客观规律的原则运用到实际工作中去，产生效益的应用型人才。这两类人才各有其特定的素质特征及职业能力结构。面对越来越激烈的市场竞争，社会分工越来越细，社会人才需求呈现金字塔型特征。在这座金字塔中，塔尖上有少数研究型人才，因为社会的发展进步，要求这些人不断地探索，不断地发现客观规律。塔基就是一大批从事解决实际问题的相关应用型人才。参加分工合作与市场竞争的公司，更加需要应用型的人才，包括熟练劳动者、经营管理者、工程技术人员以及其他应用型人才。调查发现，其中，76.2%的公司需要应用型人才，9.8%的企业既需要应用型人才，也需要创新开拓的研究型人才。

其次，复合型人才备受青睐。在后 WTO 时代，人才培养走向国际化，大量实用新技术、新专业层出不穷，社会结构出现了显著的变化，人才流动性、竞争性增加。如果一个人仅会一种技能，很难适应复杂的社会需要。实践表明，在激烈竞争中立于不败之地的关键在于拥有大批具有综合能力和较高知识水平的复合型人才。面对越来越激烈的市场竞争，企业更加重视人才的通用性、综合性。因此，培养具有综合能力的复合型人才成为企业的当务之急。构建这一人才培养模式，需要进行以下三个方面的思考：

1. 从入学开始就指导学生进行职业规划

学生入学以后，学校应主动协助学生开展自我评价、树立职业目标等学习，可通过将第一课堂和第二课堂进行有效整合，制定相应的措施，落实方案，学校应该思考，在学生入学至毕业期间，应该怎样去塑造学生的特性，发展学生可能与今后所从事职业有关的素质，由此增强他们对社会的适应能

力。如在大一阶段开设相关的就业与择业的课程，可通过入学教育、成功校友演讲、“大学生职业生涯规划”培训等，通过这些活动或课程，学生对自己专业的性质、专业能力的需求、专业学习之价值，还有专业前景等有一个初步和系统的了解，对各类职业有广泛的认识，让学生可以尽早规划未来事业。同时，也可在课余时间指导学生制定就业计划。到了大二阶段，学校可在寒暑假组织相关专业的学生到对应的相关职业实习，组织学生进行部分涉及专业的科研训练等，也可以参加科技类比赛。在寒暑假期间，还可举办以创业为主线的各类活动，让学生亲身参与其中，体验创业的乐趣，增强就业意识。大三阶段，学校要指导学生结合实习经验，明确职业方向，通过进行职业测评、组织开展职业咨询、课程的设置与社会实践相结合的途径，让学生了解自己，了解专业，提高能力，做好职业生涯规划。大四阶段，引导学生结合所学专业知识，加大职业方向有关知识的积累，发展学生职业道德素养，发展社交及其他能力，为走向社会奠定基础。

2. 提供更多的学习资源，制定灵活的考核方式

学校要为每个学生提供个性化教育机会，多提供学习资源，增设选修课程，目的是适应不同类型学生的成长需要。同时，还应该对选修课进行适当调整。从课程设置上看，内容与形式可兼顾，哪怕只是暑期实习或者社会实践，均可用作选修课程。制定合理有效的考核办法，对每个同学进行全面客观的评价，促进学生个性发展。另外，还应针对课程特点，采用不同方法及考核方式。例如，普通的学生可以继续使用常规考核方式；对求知欲强烈、爱钻研的同学，可为他们列举一些题目，要求他们查阅资料并写出分析报告；对动手能力较强的同学来说，也可给出实验条件，要求他们对一些专业问题做实验研究，提交实验结果，以供评价。

3. 完善校企合作机制

由于目前人才需求和高校人才培养目标相脱离，一些高校在发展的进程中遭遇了三大难题。首先，是“先天不足”，也就是培养应用型人才起步较晚，基础薄弱，也没有足够的经费保障能力。其次，是“后天失调”，也就是双师

型教师队伍不健全。最后，是"发展趋同"，也就是许多高校一味追求数量和覆盖面，在具体人才培养策略方面缺乏特色。高校办学必须理清头绪，联系实际，以产业为导向，不断创新人才培养模式，培养出企业急需人才，为当地经济社会发展提供服务。强化校企合作，联合制定战略联盟，形成产学研共享的局面，共同建设柔性机制，同时加大对教师队伍的培训力度。完善企业中高校的学科专业，实践基地和特色课程、教学场所这种无缝对接的模式，应从资金和用人上下功夫，在基础建设和其他政策方面给予倾斜，有效地解决高校的困难和问题，创造一个良好的环境，鼓励高校走出一条产教融合、校企合作的路子，不断转型发展。在师资方面，推行"引进来、走出去"战略，使新进教职工在企业第一线得到了锻炼，鼓励学术和理论型教师"走出去"，继续研究和进修，构建师资队伍建设长效机制。

四、基于创业创新的人才培养模式

根据当前市场需求的变化，需要培养既有创业创新能力，又有技术和艺术多方面的复合型人才，这就离不开人才培养模式的创新。这里以数字媒体技术专业人才培养方案设计的为例加以说明，设计的思路为：以分层教学为手段，实现数字媒体技术创业创新人才培养。若将专业定位于数字媒体后期制作和综合上，主要精通数字视频和音频采集、制作与合成，还包括数字媒体资源管理等专业数字媒体技术人才，在掌握数字媒体技术的基本知识和基本技能的同时，还要拥有很好的创业和创新精神，可以承受风险和压力，能够配合团队。不同企业对人才的要求不同，针对各类企、事业单位对于数字媒体技术人才需求，基于数字媒体技术专业复合型人才培养的根本需求，人才培养方案如图 4–2–3 所示。

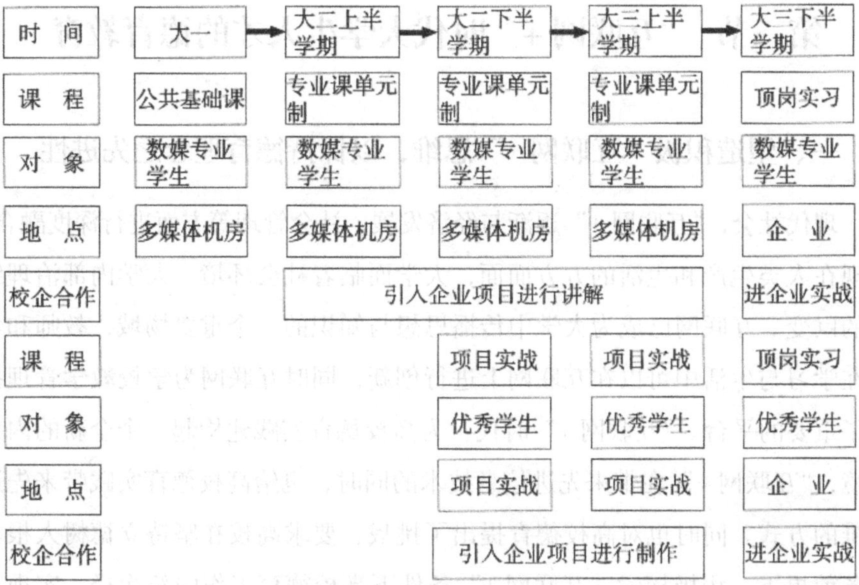

图 4-2-3 人才培养方案

纵观人才培养方案的制定，应将创业创新和专业教育结合起来，将创业创新教育贯穿于专业教育过程，把培养学生的创新精神当作重要的目标。同时加强实践性教学环节，使之成为实现培养目标的重要保证。如开设专业课程实验、课程设计和实习实训、社会实践与毕业设计等较为完整的实践体系，强化学生工作意识，提高动手能力。加强学生科研训练计划的实施力度，提高他们解决实际问题的能力。缩短课内授课学时，加大课外学习时间，发展学生自主学习的能力，倡导课堂教学的研究型和问题式、讨论式教学方法，实施师生互动，培养学生问题意识，增强他们的质疑精神，建立创新实验室，加大实验室开放力度，鼓励学生开展形式多样的课外科技创新竞赛，并且还要对学生课外科技成果给予学分奖励，激励学生勇于开拓，敢于实践。

第三节 “互联网 +”时代大学生人才的德育教育

一、塑造积极“互联网 +”思维，以保持德育理念之先进性

现代社会，“互联网 +”逐渐与经济发展、社会管理等方面进行深度融合。出现在人类生产和生活的方方面面，大学面临着社会环境、大学内部治理结构的巨变。互联网已成为大学中传播思想与知识的一个重要场域，教师和学生在学习与生活中可以在互联网上进行创新，同时互联网为学校教学管理提供了重要的平台。“互联网 +”时代，为高校德育实践建构起一个全新的内外环境，“互联网 +”在带来先进信息技术的同时，也给高校德育实践带来先进思维的方式。同时也对高校德育提出了挑战，要求高校在坚持立德树人根本任务前提下，积极探索“互联网 +”条件下高校德育工作的新途径，实现德育模式的转变。积极培育高校运用“互联网 +”思维进行德育实践创新，持续提升高校师生“互联网 +”能力，这样才会正确把握互联网高速发展带来的新契机，使高校德育理念始终保持先进性。

（一）“互联网 +”意识的培养

伴随着“互联网 +”行动计划在中国的推进，“互联网 +”已不仅仅是国家的战略了，已经变成了一种根深蒂固的思维意识与方法论。高校作为人才培养的重要阵地，也需要紧跟时代步伐，将“互联网 +”融入高校教育教学当中去。高校德育实践应充分共享“互联网 +”的功能和意义，既需要在学校层面提升对于“互联网 +”意识培育的关注度，更要搞好德育实践主体自觉培育。高校德育的“双主体”问题也就是在大学的德育实践的进程中，教师与学生均处于主体地位，是德育的实践主体。有效培育高校师生对“互联网 +”的普遍认知和意识，有助于形成师生之间的协调互动，大家共同发展，最终在高校德育实践中取得了较好的育人效果。

1. 学校“互联网 +”顶层设计

2016 年 12 月，习近平总书记出席全国高校思想政治工作会议并发表了重要讲话，他指出：“做好高校思想政治工作，要因事而化、因时而进、因势而新。要遵循思想政治工作规律，遵循教书育人规律，遵循学生成长规律，不断提高工作能力和水平。”① 正所谓“天地有大美，四时有明法，万物有成理”，思想政治工作，是一种社会实践活动，它主要研究人们思想的形成和改变。“互联网 +”时代，高校外部环境、师生思想形成等方面均有很大的改变，学校要站在大局的高度，系统把握新形势下我国高校德育实践中存在的机遇与挑战，从学校层面与师生层面整体上进行变革，厘清“互联网 +”时代创新高校德育实践的思路与目标，制订更具可行性的实践计划，并且通过建立机制，确保德育实践不断创新发展。

学校要积极响应“互联网 +”国家行动计划，精准把握“互联网 +”发展思路与趋势，可以搭建平台，也可以进行体系的重构，形成新的驱动机制，让“互联网 +”深度融入学校人才培养与德育实践中的发展策略中去。同时，要从思想引领、组织保障、制度支撑三个方面做好顶层设计，确保“互联网 +”在高等教育领域全面渗透并发挥其重要作用。一方面学校要进一步增加投入资金和人力、物力和其他资源，设立专门的互联网信息化工作办公室，加大信息化基础设施建设力度，推动无线网络走进校园、走进教室、进入寝室，推动校园网络全覆盖工程建设，布局开展高校德育实践关键技术，构建“互联网 +”环境下创新高校德育实践的工作平台；另一方面学校要以建章立制为抓手，厘清“互联网 +”与高校人才培养深度融合的发展理念，并加以指导，启发单位或个人建立新的思维方式，在新技术的推动下，生成新的动力，强化学校对“互联网 +”发展的扶植和监管作用，开展“互联网 + 德育”相关业务，把“互联网 +”和高校事业发展深度融合，向着机制化、常态化推进，促进高校人才培养与德育实践创新发展，让高校德育实践展现新活力。

① 赵雪梅，楚龙强，左征军．新形势下研究生思想政治工作理论与实践 [M]. 武汉：武汉大学出版社，2018.

2. 教师"互联网 +"意识培养

培养高校教师的"互联网+"意识，是为了帮助他们借助互联网进行教学、管理和服务及其他方面的工作，教师在意识培养的过程中对教育理念与方法不断创新，提升教育成效。在高校德育实践的过程当中，我们知道教师和学生都是德育实践活动的主体，教师在师生关系中仍经常占据相对主导的地位，故而，在德育实践创新的全过程中，教师"互联网+"意识培养的作用变得更加重要。

第一，教师要意识到"互联网+教育"潮流不可逆转。"互联网+"概念的提出与实施都是为了适应时代潮流，顺应人们的思维方式和行为习惯的转变。"互联网+"使社会生活各个方面发生巨大变革，这一点，教师都能深刻体会到，但是，更为重要的是要意识到，在新形势下，"网络+教育""网络+学习""网络+德育"已成为高校人才培养不可逆转的趋势，也成为创新的驱动力。教师要清醒地认识"互联网+"新形势，不遗余力确立德育实践活动新理念、凝练新思路，并形成新方法。

第二，教师在使用互联网时一定要增强主观能动性。只有通过自觉运用"互联网+"思想来指导教学，才能真正实现立德树人的根本任务。"互联网+"就是一种开放思维与方法，它给高校德育实践创新带来无限可能，也带来诸多成果。教师一定要建立积极主动的"互联网+"认知和意识，对高校德育实践活动进行剖析、领会，学会运用规律，借助"互联网+"技术破解新时代高校德育现实活动存在的新课题，给学生以正面指导与帮助，在"互联网+"融入德育实践活动中，形成教师和学生的共识，形成良性互动的局面。

3. 学生"互联网 +"行为引导

大学生群体具有思维活跃的特点，并且有很强的求知欲，学习能力也比较强，因此，大学生能很快接受互联网信息技术，并尽快适应与熟悉。因此，"互联网+教育"模式可以帮助学生更好更快地掌握新知识并提升自身素质。但"互联网+"时代，信息资源是海量的，产生了多元价值文化，这些资源极易使学生迷失于网络世界。互联网成了学生的学习和生活的必要部分，要在不妨碍学生上网的同时，指导学生正确对待、健康利用互联网尤为重要。强化学生“互联网 +”行为引导，是为了指导学生借助互联网，更好地学习与成长。为此，这里从两个方面提出了相应对策。一方面在教学过程中要适当降低课堂学习所占比例，通过网上学习资源的建设，新增在线学习环节与内容，使在线学习成为学习过程必不可少的环节，促进学生养成运用网络学习的观念与意识，培养使用网络的学习习惯；同时还要注重培养学生的网络信息素养和自我保护能力，使他们能够更好地为社会服务。另一方面鼓励并引导学生在互联网上增进学习互动，将学习的质量不断提升，互联网是平等和公开的，也具有去中心化的特点，这种特征为学生提供自由发表意见和见解的平台，学校应积极指导学生借助互联网平台，多与教师沟通互动，这样，学生的真情实感、所思所想，都将得到充分展现，学校也更加容易了解到学生群体的思想问题，方便及时发现并化解学生群体存在的各类危机，加强高校德育实践的针对性，提高实效性。

（二）“互联网 +”能力的提高

“互联网 +”是一种能力，这种能力不仅包括对互联网高速发展过程中所诞生的新兴信息技术的掌握，更是一种利用互联网与传统行业融合发展产生新业态和新活力的能力。当前，高校德育实践中依靠互联网平台开展的德育活动越来越多，“互联网 + 德育”已经成为高校德育实践创新的重要途径，“互联网 +”能力的提高成为保证高校德育实践工作质量和德育实践活动效果的重要手段。在高校德育实践活动中，教师不仅要熟悉和掌握“互联网 +”时代新兴的信息技术，更要学会将这些新兴的信息技术与德育实践过程连接起来、融合进去，催生德育实践的新面貌和新活力。

1.“互联网 +”信息技术的掌握

对“互联网 +”信息技术的掌握是高校德育实践创新的基础。高校德育工作者如果不掌握这项技术，就如同在战场上没有了武器，在工作中失去了载体，也就失去了德育过程中的主动权和话语权。因此，对“互联网 +”信息技术的掌握显得尤为重要，学校要组织教师队伍加强对新兴信息技术的学习，教师通过学习要基本了解和掌握互联网新兴信息技术的功能、特性和原理，能够自主利用新兴信息技术设计德育过程，制作德育资源，完成德育实践。同时，还要紧跟时代要求，不断提高自身网络素质，及时更新网上教育内容，使用学生喜闻乐见的形式赢得学生的喜爱，从而达到较好的教育效果。[①]

2.“互联网 +”思维能力的提高

简单来说，“互联网 +”的“+”就是连接与融合，这也是互联网的创新驱动能力之所在，利用互联网新兴的信息技术与传统行业的连接和融合，能够激发传统行业的新活力。要把握“互联网 +”时代的技术红利，教师不仅要勤于学习新的互联网信息技术，更重要的是要有意识、有能力将这些信息技术与德育实践环节连接起来、融入进去，不仅仅是技术的连接、服务的融合，更是资源的连接、过程的融合。

在高校德育实践过程中，教师要学会借助新媒体技术，收集、制作和发布内容健康、形式多样的德育内容和教学资源；要学会利用大数据的分析功能，对学生的发展状态进行监控、预警和干预；要学会利用即时通信技术的优势，加强师生的实时指导、在线互动，实现真正的平等对话和有效交流，提升德育实践的效果。总之，“互联网 +”时代信息技术的发展是日新月异、层出不穷的，但不管技术如何更新和变化，高校教师只要拥有了“互联网 +”思维能力，就能够针对新技术在高校德育实践过程中找到新的连接方法和融合渠道。

二、优化“互联网 + 德育”载体，以提高德育实践之有效性

（一）“O2O 模式”增强德育课程的吸引力和实效性

线上到线下（Online to Offline，简称 O2O）是“互联网 +”时代广泛流行的商业概念和模式，它将线下的商务机会和互联网结合，使互联网成为线上和线下交易的平台，大大增加了商务机会。构建德育课程“O2O 模式”是

① 王彤宇．互联网环境下高校思政教育探析 [J]. 当代教育实践与教学研究，2016（2）：55.

充分利用互联网连接一切、开放融合、海量信息等优势，运用云计算和云平台技术建设在线德育课程，创建线上和线下交叉互动的新型学习方式，构建丰富、生动的德育课程资源，及时整合、反馈学习评价，切实推进德育课程向更加人性化、个性化和实效性方面的提升（图 4-3-1）。

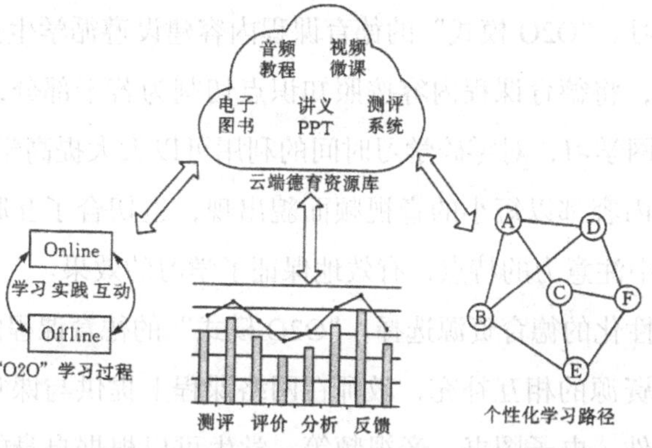

图 4-3-1 德育课程“O2O 模式”示意图

1. 构建人性化的学习内容

高校德育课程“O2O 模式”的创新重点之一，是满足学生日益改变的认知需求。随着“互联网 +”时代的到来，人们的行为方式、生活习惯都发生了前所未有的改变。在高校，学生的认知规律和学习习惯也发生了巨大的变化，传统的德育课程内容越来越不适应这种变化，“O2O 模式”的德育课内容建设主要是依靠新兴的信息技术，对德育内容和资源“新瓶装旧酒”，让德育资源以崭新的面貌出现在学生面前，并利用云计算和云平台技术将德育内容放在互联网上，供学生随时随地自主选择学习，更加能够调动学生的学习兴趣和热情。

第一，丰富、生动的德育内容构建。伴随着互联网海量信息资源和多元文化的爆发式增长，学生接触到的各种信息越来越时尚、生动，传统德育课程的内容更加无法讨学生喜欢。而“O2O 模式”的德育课程内容建设充分利用新兴信息技术的优势，将德育内容重新包装。例如，充分利用音视频、动画、

PPT 等多媒体形式建设课程内容，或者构建轻松、娱乐化操作体验课程，以任务驱动的方式引导学生掌握知识等，以学生喜爱的面貌展现出来，让德育过程寓教于乐，也是德育实践活动重在体验和感悟的初衷。

第二，切合学生学习习惯的德育内容建设。随着互联网学习功能的不断强大，以往以教师为中心的学习方式被彻底改变，学生可以利用网络随时随地进行自主学习。"O2O 模式"的德育课程内容建设遵循学生去中心化、碎片化的学习习惯，将德育课程内容按照知识点切割为若干部分，方便学生随时随地利用互联网学习，对零碎学习时间的利用可以大大提高学习效率。同时，被拆分的德育内容都以短小的音视频面貌出现，也切合了互联网学习中学生无法长时间集中注意力的特点，有效地保证了学习的效果。

第三，人性化的德育资源选择。"O2O 模式"的德育课程内容建设注重线上和线下德育资源的相互补充，教师在网络课程上提供与课堂教学相匹配的教学资源、课件、电子图书、音视频等，学生可以根据自身的学习特点和喜好选择德育内容和学习方式，自主分配线上学习和线下学习的比重，这种人性化的德育资源选择更加适应学生的学习规律，在德育内容的掌握过程中能够得到更加理想的效果。

2. 满足个性化的学习需求

高校德育课程"O2O 模式"是将传统的德育课程教学从线下转移到线上，以传统的德育课程为基础和指导，用信息技术的方式进行包装。线上和线下学习的互补，能更大地增强学生学习的自主性，学习路径和进度的选择也能更加尊重学生个体的实际情况，从而可以提高学习的活力和效率。

第一，学习路径个性化。每个学生的知识基础、思维能力和学习兴趣都不尽相同，这正是因材施教的原因所在。"O2O 模式"的课程教学将丰富多样的课程资源配置于"云端"，教师会制定共性的学习目标和要求，而不会像传统课堂教学的标准化要求限定统一的学习步调，学生的学习自主性得到很大的提高。教学过程允许学生根据自身的兴趣喜好、学习习惯、能力基础等个性化差异，设计和选择自己的学习时间、学习地点和学习方案。这种德育课程教学模式彻底改变了传统德育课程在学生心目中的面貌，打破了以往学生在德育课程中的被动局面，学生可以自主选择学习顺序和学习路径，个性化学习需求的满足和个体差异得到尊重，更大限度地提高了学生的学习兴趣和课程教学的效果。

第二，线上和线下良性互补。德育课程“O2O 模式”是典型的混合式教育模式，线上和线下的学习都是德育课程学习的核心部分，线下教师和学生面对面的内容讲授与线上的课程自学形成相互补充。“O2O 模式”打通线上和线下课程内容的信息和体验环节，不仅给学生的学习带来了更多的选择，也为教师对德育课程的设计带来了更多可能，教师可以安排学生在课前通过线上自主学习完成指定的部分学习内容，这样线下的课堂教学中就能够引入更多的师生互动环节，更加有利于德育课程的教学质量的提高。

（二）新媒体平台凸显德育实践的话语权和感染力

1. 德育载体的新选择

当前，新媒体平台已经成为学生最喜爱的成长平台，高校加强新媒体德育载体建设要准确把握学生的特点及喜好，在学生活动最频繁的区域和地带，以学生最喜闻乐见的媒介方式，潜移默化地影响和引导学生成长。首先，互联网移动终端、手机客户端及应用程序（App）成为学生互联网生活的重要媒介，学生已经习惯了利用这种形式和面貌的工具进行生活交流，高校德育实践进网络要抓紧德育主题应用程序的建设，将德育内容通过学生喜爱的学习方式和渠道展现出来，更加有利于增加学生对学习内容的好感。其次，如今，以微信、微博、QQ 空间等自媒体为代表的新媒体平台，几乎成为学生表达观点、分享心情、人际交往、休闲娱乐等的主要载体，学生的思想在这些平台上汇集、交流、发展、定型，高校要抓住这一难得的自然形成的学生网络生活集散地，建立学校的官方微信公众号、微博和 QQ 空间等，通过这些新媒体手段将德育内容包装成为学生愿意接近、了解和认可的模样，方能使德育实践具有真正的吸引力和感染力。

2. 话语争夺的新阵地

话语权的争夺主要就是解决如何吸引学生关注和学习德育内容的问题，树立学校主流德育思想对学生德育教育的主导权。新媒体平台作为德育实践的重要载体，必将成为高校德育话语权争夺的主阵地，在新媒体平台上，德育实践话语权的争夺要从两个方面来着手，即“引得来、留得住”。

首先，如何将学生吸引到高校建立的新媒体平台上来。高校应加强“互联网 + 德育”载体建设的探索与创新，最大限度地将学生吸引到校园新媒体平台上来。一方面，高校要推进在学生已经固有的新媒体生活平台上搭建德育实践载体，学生在哪里，高校德育实践的触角就伸到哪里，学生在日常生活中寻找自己感兴趣的内容时，多少会浏览到主流的德育内容，让德育实践的声音无处不在；另一方面，高校对于新媒体德育实践载体的建设，也要有智慧、有计划、有方法地采用引导和制约机制。据调查，在大学生浏览学校相关网站的主要目的（图 4–3–2）中，浏览“学校思想引领与主题教育”内容的学生比例不容乐观，但其他学生校园生活的“必需品”是他们浏览的图 4–3–2 中各选项内容：A. 获取学校新闻信息、B. 学校思想引领与主题教育、C. 申请各类奖助学金、D. 网上选课、E. 查询成绩和网上评教、F. 浏览相关文件通知、G. 其他，所以高校应将与学生的学习和校园生活等切身利益相关的教育新闻资讯、管理服务内容整合到新媒体平台上，如学生的选课、成绩查询、考试报名、学年小结、评优评先、奖助学金申请、重要文件发布等，利用新媒体完成这些学生教育管理的内容，既达到了便捷、高效的效果，又能够让学生登录主流德育实践平台变成情理之中的必然，为实践新媒体媒介发挥作用创造有利条件。

其次，如何将学生稳定地留在新媒体德育平台。新媒体德育平台最显著的特点就是改变了以往德育工作的面貌，将原来的道德说教变成一种媒体环境和文化，通过环境和文化的营造，让学生自主选择教育内容，通过新媒体达成师生的平等对话和互动交流，有效提升德育实践效果。高校加强新媒体德育平台的建设：第一，要在尊重学生个性发展的基础上，不断提升网络德育文化的品质和厚度，学校的官方微信公众号、微博和QQ空间等新媒体平台上的内容建设要多些诚意、更接地气，让学生对主流媒体的阅读更加轻松、倍感亲切；第二，充分发挥微博、微信和客户端的引导作用，在新媒体的环境下有计划地开展德育话题的讨论并解答问题，掌握了新媒体平台的话语权，就掌握了德育实践的主动权和主导权；第三，引导师生员工对主旋律的德育内容进行广泛的评论、点赞、转发，营造风清气正、心灵共鸣的新媒体网络环境，学生在新媒体平台上有收获、有感触，他们自然就会经常浏览这些微博、微信公众号、QQ空间等。

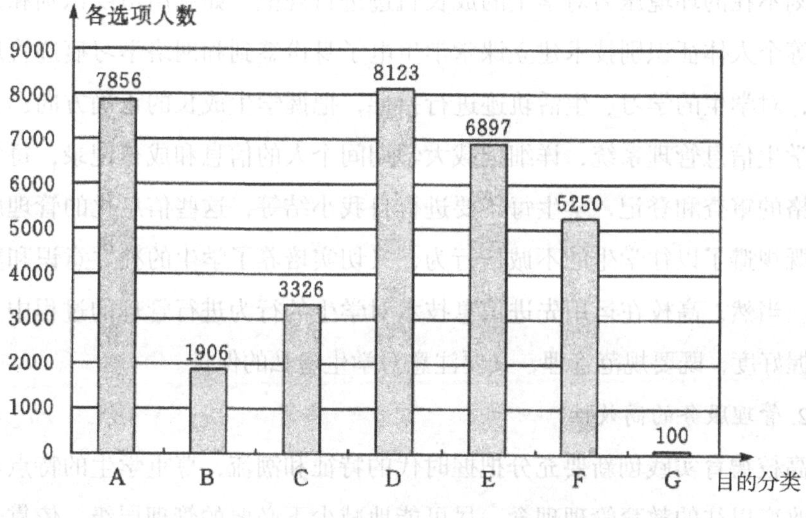

图 4–3–2 大学生浏览学校相关网站的主要目的调查

三、创新“互联网 + 管理”流程，以提升德育过程之科学性

（一）信息化管理实现德育过程的规范化和管理服务的高效性

“互联网 +”时代的来袭让学生对高校教育管理服务过程产生了诸多的对比和期待，正如现代管理学之父、德国管理大师彼得·德鲁克所说：“没有标准的组织，只有高效的组织；没有标准的方法，只有高效的方法。”借助互联网信息技术实现高校教育管理服务的信息化，不仅能够实现高校德育过程

的规范化，而且更加契合时代特点和学生的需求，保证管理服务的高效性。

1. 德育过程的规范化

高校要顺应时代的发展，以新一代互联网信息技术为依托，不断加大信息化教育管理服务平台的建设，创新学生德育管理服务的职能和手段，切合学生的时代特点和成长习惯，将"管理服务育人"落到实处。高校应通过建立信息化的学生教育管理服务系统，将学生行为教育管理从现实生活中搬到互联网空间里，利用互联网信息技术的优势，尊重学生习惯和热衷的方式，建立学生操行管理信息平台，对学生的成长过程进行监督和规范，以一种无时无刻不在的环境压力对学生的成长轨迹进行规范。如利用指纹识别和人脸识别等个人体征识别技术建立课堂学生电子身份签到和网络学习痕迹管理系统等，对学生的学习、生活轨迹进行指导，把握学生成长的正确方向；又如建立学生信息管理系统，详细记载大学期间个人的信息和成长记录，每年都有严格的审查和登记，学生每年要进行自我小结等，这些信息化的管理服务方式既规避了以往学生的不诚信行为，又切实培养了学生的独立意识和契约精神。当然，高校在运用先进信息技术对学生的行为进行管理的过程中，也要把握好度，既要规范管理，又要注意对学生隐私的保护。

2. 管理服务的高效性

高校德育实践创新要充分把握时代的特征和潮流，尊重学生的特点和需求，改变以往的教育管理理念，尽可能地减少不必要的管理层级，依靠互联网信息技术的强大计算处理和记忆功能，建立丰富、立体的学生自助管理服务系统。管理层级的压缩规避了复杂的人际关系，减少了不必要的内耗，通过人机对话的管理服务，切实让管理服务过程缩短、效率提高。如建立学生自助报到系统、证书证明打印系统、学业管理系统等，让学生从进校就开始学会使用自助服务、自主教育、自我管理；又如利用微信、QQ、微博等新媒体技术实现学生网络查寝、网上投票等教育管理功能，不仅大大减少了德育实践中人员的工作负担，提高了管理服务环节的效率，而且符合学生喜好的媒体方式也增强了高校德育实践的亲和力，切实提高了德育实践的实效性。

（二）大数据分析保证德育过程的精细化和准确性

1. 大数据分析驱动德育过程的精准决策

当前，随着我国社会信息化程度的不断深入发展，大部分高校都已经启动了校园信息化的建设，诸如校园一卡通、教育管理服务信息系统等一系列的信息化建设项目，为高校德育实践创新提供了有力的基础保障。高校应该进一步利用“互联网 +”时代的思维和技术优势，深入推进学生校园行为数据的采集工作，依靠权威的数据支持，通过智能化的大数据分析功能，为德育过程的精准决策提供可靠依据。

首先，构建可靠、动态、互通的学生行为基础数据库。学生行为基础数据库是大数据分析的源头，高校要从学校整体发展战略的高度树立大数据的思维，打通和连接校园内部的“信息孤岛”，确保学生行为数据库的唯一性和权威性，从而保证大数据分析的准确性。学校要加大基础数据采集平台的建设，及时对学生的行为数据进行采集、存储、更新和整理，保持动态、有活力的数据采集，才能保证基础数据库的有效性。学校要统一思想、统一步调，实现学生学习、生活、实践、娱乐等各个方面的数据纵向互通、横向互联，学生全部行为数据的互通与互联方能实现学生在校行为数据的整体性。

其次，构建及时推送的智能分析与预警系统。数据分析和决策辅助才是大数据的核心价值所在。可以说，“互联网 +”时代学生的一切行为都能够以数据的形式被描述，以往高校德育实践中对学生行为的粗放管理，不仅使学生成长中的诸多困难和隐患较难被及时发现，而且德育工作者往往通过学生的报告和个人的经验采取相应的干预，教育效果不甚理想。高校应充分利用大数据技术的优势，建立智能分析与预警系统，依托可靠、动态、互通的学生行为基础数据库，把学生的个人基本信息数据、学习行为数据、日常操行数据等大数据进行联系、对比、分析，发挥学生个人成长数据的整体效应，全面、准确地反映学生行为和思想的真实状态，让概念化的学生行为表征向可视化转变，让经验主义的决策向数据化、可靠性决策转变。同时，高校应完善智能分析与预警系统的及时推送功能，将分析结果和预警信息第一时间推送至家长、老师等与学生个人成长相关联的德育工作队伍，实现学生个人成长过程的动态监控与干预，真正让每一名学生的成长都有陪伴和关心，保障学生健康、积极地成长和发展。

2. 数字化模型彰显德育智库的科学力量

"互联网 +"时代高校德育实践创新的核心思路就是运用互联网信息技术，对学生的成长和发展状态进行准确的把握，利用云计算、大数据的记忆存储和智能分析的功能，将高校德育实践过程数字化、标准化，减少德育工作者的负担和压力，提升德育实践工作的精细化和准确性，高校德育实践活动的规律性与互联网信息技术的智能化相结合，使德育实践工作的智库建设成为可能。

高校应大力构建一系列的德育实践数字化模型，这种德育实践过程中的管理模型和决策模型的构建，实际上是建立一种科学化、标准化的操作流程预设。数字化模型的构建是针对学生可能存在的经济困难、学业困难、校园安全等常见的问题，从学生成长的数据库中提取相对应的行为信息，综合分析后对学生状态进行如实的反映，并提供相应的干预和解决方案。如此一来，德育工作者就能够在学生成长和发展的不同节点，针对学生群体或个体发展的某个方面，运用构建的数字化模型对学生的状态进行准确把握，并依照数字化模型提供的干预及解决方案，完成对学生的德育实践活动。高校德育实践活动的规律性使这种数字化模型具有广泛的适用性和推广价值，成为高校德育实践活动中强大的智库，供德育工作者针对共性的问题在不同的学生个体中选择使用，辅助学生个性问题的解决。

第五章 “互联网 +”时代的创新实践

本章的主要内容为“互联网 +”时代的创新实践，具体包括大学生创新必须与创业相结合，创新成果的专利保护以及“互联网 +”时代高校教育创新的展望。主要介绍了创新与创业的区别与联系、专利权的内容、专利的分类及申请流程和“互联网 +”时代的创新实践愿望。

第一节 大学生创新必须与创业相结合

创新创业教育是对创新创业的认知、心理、能力等综合素养的培育。对创新创业教育最初的定义源于联合国教科文组织在 1989 年提出的一个全新的概念，即事业心和开拓技能教育。1991 年，在日本东京召开的创业创新教育国际会议上，对“创新创业教育”给出了一个比较宽泛的定义：“培养最具有开创性个性的人，包括首创精神、冒险精神、创业能力、独立工作能力以及技术、社交和管理技能的培养。”2010 年，教育部将“创业教育”的名称改为“创新创业教育”。从广义上来谈，创新创业教育是在“创新教育”和“创业教育”两个概念基础上衍生出的新概念。创新创业教育是以培养创新创业型人才为目标，高校通过创新教育理念和改革人才培养模式，强化对大学生创新创业意识、思维、精神和能力教育培养的方式和过程，从根本上提高人才培养质量，为国家和社会输出创新创业型人才。

创新与创业是两个不同的概念，有着一定的区别，但是也存在着本质上的契合、内涵上的相互包容和实践上的互动发展。

一、创新与创业的区别

（一）内涵不同

从定义上来看，创业是创造新的商业，而创新是在市场中应用一种发明；创业可能涉及创新，也可能不涉及，创新可能涉及创业，或者并不涉及。创新泛指“创新成果被商业化的价值实现过程”，而创业则特指“创建企业的过程”。前者完全可以在已有的企业组织框架内实现，不一定涉及企业组织制度的建设；而后者则必然要涉及企业组织制度的建设。

从内涵上来讲，创新主要是从经济与技术相结合的角度探讨技术创新在经济发展过程中的作用；创业是一个新的非生命市场参与者的创造过程（新商业的诞生）。创业强调的是，如“企业从何而来”“人们为什么创建新的商业""商业是如何被创造的"等；而创新是对生产函数包括生产力、科学技术、生产资料、生产工具及劳动力和生产关系的建立等。

（二）研究侧重点不同

创新作为创业的手段，是独有的东西，它是思想的表达以及过程，就是为社会增添新的东西，偏重理论的分析。创业偏重实践的过程，即个体建立一份自己的事业，追求自己想要的成功。

二、创新与创业的联系

（一）主体的一致性

首先，实施主体是一致的。创业者在进行创业时，重要的创业资本是核心技术、创业知识、运作资金、创业团队、创新能力等，其中创新能力是最重要的。创业者在创业过程中需要具备创新意识和创新精神，需要有独特和新颖的创新思维，产生出富有创意的独特想法，寻求解决问题的新的思路和方法，不断克服企业发展中的瓶颈和攻克难题，最终才能够取得创业的成功。

其次，价值主体是一致的，创新的价值在于创业，创业蕴含着价值创新。创新的价值就在于将潜在的知识技术和商机转化为产品与服务，能够创造财富，实现企业再创业，通过将创新成果进行商品化和产业化，实现社会财富的增值；每一个创业行为能够取得成功，必然内在存在着价值创新。创业是一种能够自我发展达到不断创新的过程，创新其实就是我们常说的"企业家精神"的本质。

（二）时序的一致性

从创新的时效性看，企业创新特别是在科技成果推向市场的过程中一般总是从产品创新、技术创新开始的。因为一种新的市场需求总是表现为产品需求，因而在创新初期，企业的创新活动主要是产品创新。一旦产品被市场接受，随之而来的是，企业将把注意力集中在过程创新上，目的就是降低生产成本，改进生产工艺，提高生产率。当产品创新和过程创新进行到一定程度时，企业的创新注意力会逐渐转移到市场营销创新上，目的是提高产品的市场占有率。在这些创新重点的不同时序上，还会伴随着必要的管理创新和组织创新。可见，利用科技成果进行创业在时序上是一个连续的过程。

第二节　创新成果的专利保护

一、创新成果保护

（一）创新成果保护简介

发明创新成果是发明创新人或发明创新单位经过很长时间的艰苦努力，甚至要花费大量的人力、物力、财力后，才能取得的成果。它是发明创新人或发明创新单位劳动和智慧的结晶。如果不能采取有效的措施加以保护而任他人使用，就会极大地挫伤发明创新人或发明创新单位的创新的积极性，使不劳而获者获得极大的利益。

为使发明创新成果受到有效的保护，各国都相应地制定了有关的法律来实现对知识产权的保护，国际社会也成立了相应的组织，用以协调各成员国之间有关知识产权方面的问题。在我国，主要由《中华人民共和国专利法》(以下简称《专利法》)《中华人民共和国著作权法》《中华人民共和国商标法》来实现对知识产权的保护。

对于发明创新的成果，一般是由发明创新人或发明创新单位通过申请专利权来实现对创新成果的保护。为了更好地保护企业的创新成果，需要及时申请知识产权保护，这样才能激励更多的人加入创新、创造的工作中去；要申请知识产权保护，必须找到正规合法的代理机构办理，或者由申请人亲自办理，且对申请的程序应该非常了解。

（二）专利的含义

专利，是专利权的简称。它是指一项发明创造、实用新型或外观设计向国家知识产权局专利局提出专利申请，依法审查合格后，向专利申请人授予的在规定的时间内对该项发明创造享有的专有权。人们习惯上使用的“专利”一词有两重含义：一重含义是指受法律保护的技术，具体地说是指受专利法保护的发明、实用新型或外观设计；另一重含义是指记载发明创造内容的专利文献，即指记载着授予专利权的发明创造说明书及其摘要、权利要求书、外观设计的图片或照片等公开的文献。

专利权的内容主要有制造权、使用权、许诺销售权、销售权、进口权、许可实施权和转让权。此外，专利权还包括放弃权、标记权、署名权等。

二、专利的分类及特征

专利法律关系的客体即专利法保护对象，统称为发明创造，我国专利法中明确规定“本法所称之发明创造是指发明、实用新型和外观设计”。

（一）发明

专利法所称的发明，是指对产品、方法或者其改进所提出的新的技术方案。

1. 发明是一项技术方案

技术方案是指发明人利用自然规律为了解决某一个技术问题而提出的解决方案，因此，仅仅是提出课题或解决课题的方向性设想是不够的，必须提出解决课题的完整的切实可行的方案。技术方案，并非等同于技术，尽管两者都是利用自然规律，通过创造性的脑力劳动和采用必要的物质条件做出的成果，但它们之间是有区别的。技术更为具体，它是经过实践证明可以直接应用于产业的成果，而技术方案则达不到这种程度。“技术”当然可以作为发明得到专利保护，但从专利法的要求来说，“技术方案”就已经可以作为发明得到专利保护。也就是说，对于申请专利的发明，不一定要求它是已经成熟的、已经达到了实践程度的“技术”，但一定要求它已构成“技术方案”，已具备成为“技术”的可能，一旦付诸实施，必能解决技术领域中的某个特定问题。

2. 发明是一种新的技术方案

新的技术方案是指该技术方案是前所未有的，富有首创性的，并且这个前所未有是以申请日为时间界限的。也就是说，在申请日以前，没有同样的发明在世界上为人们所公知，在国内为人们所公用。

3. 发明可分为产品发明、方法发明以及改进发明

产品发明：指经过人工制造的各种新产品，包括具有一定形状和结构的物品以及固体、液体、气体之类的物质。完全在自然状态下的天然物，未经人工加工制造，就不是专利法规定的产品发明。

方法发明：指为解决某一技术问题所采用的手段与步骤。方法发明可以是机械方法发明、化学方法发明、生物方法发明。

改进发明：指对已知产品或方法的改进，经过改进改善了已知产品的性能或已知方法的效果，使其获得新的特性或特征。

此外，也可从其他角度，将发明分为首创发明和改进发明、组合发明和选择发明、应用发明等。

（二）外观设计

外观设计也称工业品外观设计。我国专利法所称外观设计，是指对产品的形状、图案或者其结合，以及色彩与形状、图案的结合所作出的富有美感并适于工业应用的新设计。按照这个定义，外观设计必须具备下列要素：

1. 外观设计必须与产品有关

也就是说，它必须应用于具体产品之上。

2. 必须是产品形状、图案或者色彩与形状、图案的设计

形状是指具有三维空间的产品造型，也就是产品或者部件外表的装饰性形状；图案是指通过各种手段设计出的线条的各种排列或者组合；色彩是指

用于图案上的颜色或其组合，并且该色彩应理解为制造产品所用材料的本色以外的装饰性颜色。

3. 富有美感

凡是富有美感的外观设计都是肉眼可以直接看到的，因为，肉眼看不到的设计，无法使人产生美感。应按照消费者的眼光看，消费者认为是美观的，就可以认为富有美感。

4. 适合工业上应用

适合工业上应用是对外观设计的工业实用性方面的要求，既包括使用一项外观设计的产品能够在工业上大量复制生产，又包括通过手工业大量地复制生产。

（三）专利权的基本特性

专利权是由国务院专利行政部门依照法律规定，根据法定程序赋予专利权人的一种专有权利。它是无形财产权的一种，与有形财产相比，具有以下主要特征：

1. 排他性

排他性也称独占性，是指专利权人对其拥有的权利享有占有、使用、收益、处分的权利；专利权人有权许可或不许可他人实施其拥有专利的技术；而他人未经专利权人的许可不得制造、使用、许诺销售、销售、进口已获专利的发明创造，否则就构成法律上的侵权行为。

2. 地域性

地域性是指专利权仅在一定的地区范围内有效，专利权是经有关国家或地区主管专利的机构按照其本国专利法或本地区的专利条约审查后授予的，仅在该国家或该地区范围内有效，对其他国家和地区不发生法律效力。

3. 时间性

时间性是指专利权仅在法律规定的保护期限内受到法律保护。此外，一旦专利权人在此期限届满前因各种主、客观原因而失去所有权，该项无形财产也就落入公用领域，可供任何人无偿使用。我国专利法第四十二条规定："发明专利权的期限为20年，实用新型和外观设计专利权的期限为10年，均自申请日起计算。”

4. 公开性

公开性是指发明创造受到法律保护的前提是必须将其发明创造的内容向公众公开。

三、专利的申请

（一）专利申请的一般过程

专利申请应当提交规定的申请文件，并按规定缴纳费用。专利申请必须采用书面形式或者电子申请的形式办理，不能用口头说明、提供样品或模型的方法，来代替书面申请文件。在专利审批程序中只有书面文件才具有法律效力。

申请人申请专利时，应当将申请文件直接提交或寄交国家知识产权局专利局受理处（以下简称专利局受理处），也可以提交或寄交到设在地方的国家知识产权局专利局代办处（以下简称专利局代办处）。国防专利分局专门受理国防专利申请。

各种手续文件都应当按规定签章，签章应当与请求书中填写的姓名或者名称完全一致。签章不得复印。涉及权利转移的手续，应当由全体申请人签章，其他手续可以由申请人的代表人签章办理，委托专利代理机构的，应当由专利代理机构签章办理。

专利局受理处或各专利局代办处收到专利申请后，对符合受理条件的申请，将确定申请日，给予申请号，发出受理通知书。对申请人面交专利局受理处或各专利局代办处的申请文件，当时进行申请是否符合受理条件的审查，符合受理条件的当场办理受理手续。

向专利局受理处寄交申请文件的，一般在1个月左右可以收到国家知识产权局专利局（以下简称专利局）的受理通知书，不符合受理条件的，将收到不受理通知书以及退还的申请文件复印件。超过一个月尚未收到专利局通知的，申请人应当及时向专利局受理处查询，以及时发现申请文件或通知书在邮寄中丢失的可能。

（二）专利申请原则

我国专利法规定了下述专利申请原则：

1. 书面原则

该原则指专利申请必须以书面形式提交国务院专利行政部门。不仅是申请，以后整个审批程序中的所有手续，都必须以书面形式办理，不能以口头说明或提交实物来代替书面申请，或者以口头说明代替对申请进行修改补正。

不过，计算机和网络的普及，使得用电子文件提交专利申请成为未来的趋势。不少国家已经开始推行专利申请的电子政务改革。《中华人民共和国专利法实施细则》也允许采用书面形式以外的"国务院专利行政部门规定的其他形式"。

2. 先申请原则

同样内容的发明创造，只能授予一项专利权。所以，两个以上的申请人分别就同样发明创造申请专利的，专利权授予最先申请的人。如果是在同一天申请的，申请人应当在收到国务院专利行政部门通知后自行协商确定申请人，协商不成的，该发明即成为社会公有技术。

申请日从专利申请文件递交到国务院专利行政部门之日算起，如果是邮寄的，以寄出的邮戳日为申请日。专利申请一旦被受理，国务院专利行政部门立即对该申请编制一个编号称为申请号。此申请号在专利授权后即作为专利号。专利制度中先申请原则在商业竞争中是一个很残酷的竞争制度。

3. 优先权原则

1985 年我国专利法采用了优先权原则，但只对外国申请人适用这一原则，中国申请人在中国申请专利不享有优先权。1992 年修改后的专利法增加了本国优先权。

优先权的主要内容是，申请人自发明或实用新型在外国第一次提出专利申请之日起 12 个月内，或者自外观设计在外国第一次提出专利申请之日起 6 个月内，又在中国就相同主题提出专利申请的，依照该外国同中国签订的协议或者共同参加的国际条约，或者依照相互承认优先权原则，可以享有优先权。申请人自发明或实用新型在中国第一次提出专利申请之日起 12 个月内，又向国务院专利行政部门就相同主题提出专利申请的，可以享有优先权。前者为国外优先权，后者为本国优先权，两者在适用的专利类型、申请地点上，都有所不同。

优先权的实际意义是，以其第一次提出专利申请日为判断新颖性的时间标准，第一次提出申请的日期，称为优先权日，上述特定的期限，称为优先权期限。申请人要求优先权的，应当在申请的时候提出书面声明，并且在 3 个月内提交第一次提出的专利申请文件的副本；未提出书面声明或者逾期未提交专利申请文件副本的，视为未要求优先权；第一次申请被放弃或驳回时，其优先权仍然存在。优先权可以转让，即可以随专利申请权一起转让。

4. 单一性原则

该原则是指一件发明或实用新型专利的申请应当限于一项发明或实用新型，一件外观设计专利的申请应当限于一种产品所使用的一项外观设计。由于专利分类极为详细，为保证审查质量，审查员分工也很细，不同的发明创造如果放在一件申请中提出，势必给审查工作带来极大的麻烦。办理申请、审批手续都需交费，把不同的发明创造作为一件申请提出，只缴纳一件的费用显然是不合理的。

对于属于同一构造的两项以上的发明和实用新型，或者用于同一类别并且成套出售，或使用的产品的两项以上的外观设计，可以作为一件申请提出，称为合案申请。

国务院专利行政部门经审查认为专利申请不符合发明创造单一性原则时，会通知申请人在规定的期限内将其专利申请分案，即分为几个申请。分案申请保留原申请日，但不得超出原说明书记载的范围。

（三）授予专利权的条件

发明专利和实用新型专利应具备新颖性、创造性和实用性才能被授予专利权。

1. 新颖性

新颖性是指在申请日以前没有同样的发明或者实用新型在国内出版物上公开发表过、在国内公开使用或以其他方式为公众所知，也没有同样的发明或实用新型由他人向专利局提出过申请并且记载在申请日以后公布的专利申请文件中。

2. 创造性

创造性是指同申请日以前已有的技术相比，该发明有突出的实质性特点和显著的进步，该实用新型有实质性特点和进步。

3. 实用性

实用性是指该发明或实用新型能够创造或使用，并且能够产生积极效果。

下列各项情况不授予专利权：

①违反国家法律、社会公德或妨害公共利益的发明创造。

②用原子核变换方法获得的物质。

③动植物新品种。

④疾病的诊断和治疗方法。

⑤违背科学规律的发明。

⑥科学发现（发现新星、自然科学定理、定律等）。

⑦智力活动的规则和方法。

（四）专利申请与审查的程序

专利申请与审查的程序如图 5-2-1 所示。

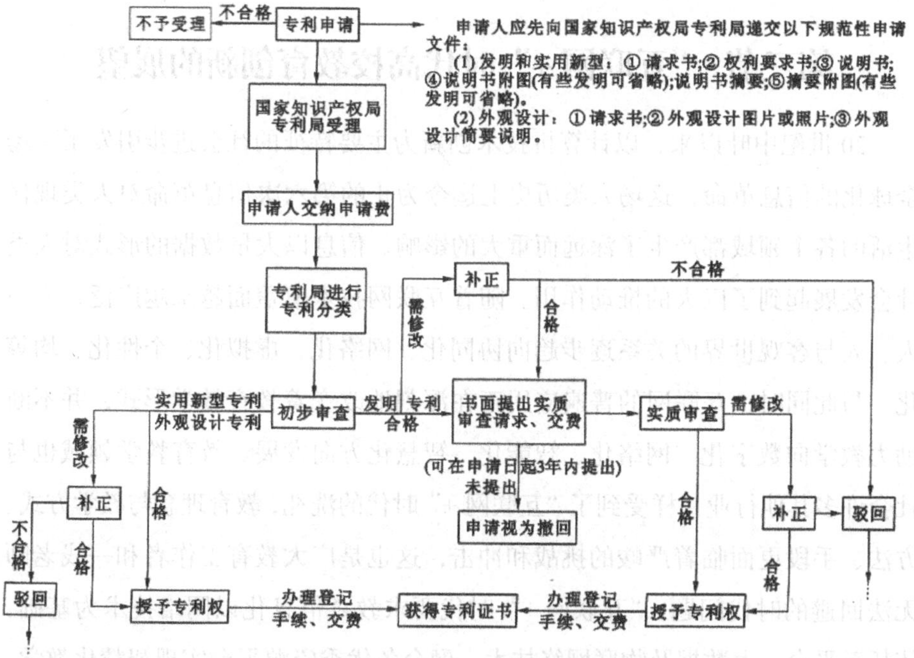

图 5-2-1 专利申请与审查的程序

（五）专利申请代理

当发明创造人不能按照专利局的规定办理专利申请等各种专利事项时，可以委托专利代理机构办理有关事项。专利代理是指由他人代为把当事人的创造发明向专利局申请专利或代为办理当事人其他专利事务。专利代理是一种委托代理，它是指专利代理机构受一方当事人的委托，委派具有专利代理人资格的、在专利局正式授权的专利代理机构中工作的人员作为委托代理人，在委托权限内，以委托人的名义，按照专利法的规定向专利局办理专利申请或其他专利事务所进行的民事法律行为。专利代理人资格是经特定考核后取得的，任何其他机构和个人无权接受委托，不能从事专利代理工作。

专利代理机构可以承办专利咨询、代写专利申请文件、办理专利申请、请求实质审查或者复审的有关事务、请求撤销专利权、宣告专利权无效等有关事务，办理专利权的转让，解决专利申请权、专利权归属纠纷等事务。

第三节 "互联网 +"时代高校教育创新的展望

20 世纪中叶以来，以计算机技术创新为主要特征的社会进步引发了一场全球化的信息革命，这场人类历史上迄今为止的第六次信息革命对人类现代生活的各个领域都产生了深远而重大的影响。信息以大量数据的形式对人类社会发展起到了巨大的推动作用。随着互联网技术覆盖面越来越广泛，人与人、人与客观世界的关系逐步趋向协同化、网络化、虚拟化、个性化、均等化。与此同时，互联网的普遍应用正在深刻地改变着教育教学形式，并不断助力教学向数字化、网络化、智能化、智慧化方向发展。教育教学领域也与社会许多其他行业一样受到了"互联网 +"时代的洗礼，教育理念与教学方式、方法、手段更面临着严峻的挑战和冲击，这也是广大教育工作者和一线老师无法回避的时代问题。"互联网 +"时代要求教育信息化以网络技术为基础，依托云平台、大数据及物联网络技术，融合各优秀资源平台实现智慧化教学，以优化教学过程，提升教学效果。"互联网 +"时代也要求教学创新常态化，借助信息技术发展的力量顺势而为，推动国内教育变革与教学创新长远发展。

人类到目前为止，从语言、文字、印刷术、电报、电话、广播、电视的普及，到今天计算机和互联网技术的应用，再到与通信技术的无缝结合，社会进入了信息化时代，人工智能得到了飞速发展。美国教育家、心理学家杜威曾说："如果我们还用昨天的方式教育今天的孩子，那等于抹杀孩子的未来。"① 这种情况不禁让教育工作者开始反思我们今天高等教育的现状，思考当今高校又将需要什么样的老师来为未来而工作，思考如今高校将要培养什么样的学生以适应未来社会发展的需要。众所周知，人工智能技术出现的本质是为人类生活提供更好的服务，从本质上来说是加速人类社会的发展，而不会完全取代人类自身的存在，相反地还会给一些人提供新的工作的机会，更重要的是人工智能技术尚属于物质世界的范畴，还无法跨越到更高级的意识

① 约翰·杜威．民主主义与教育 [M]．武汉：长江文艺出版社，2018.

领域。到目前为止，人工智能也只能对已有的物质进行模仿复制或再加工，而不能个性化地设计与创作。那么未来人类最重要的事情有意识层面的创新和创造，而未来教育的使命便是学习、适应、转变、调整和创造。未来学校或者说未来的学习也将会发生重大的变革。作为高校教育工作者或者是高校老师，我们应该认识到，不管是现在还是未来，高等教育所承担的重要使命是帮助我们的学生拥有终身受益的能力；拥有从容面对生活中所遇到的各种变化和问题的能力；拥有建立良好的自信心的能力，在学习的过程中不断地寻找自己、发现自己、发掘自己的优势和特点。从而成就一个完整的自己的能力；拥有在以后生活中自主构建有意义的精神生活的能力。

飞速发展的时代给人类提出越来越高的标准，也让人们越来越接近教育的本质。教育者，包括社会、学校以及父母，如何发挥应有的作用，帮助学生适应时代的发展与变化，应对这个时代的颠覆与重构，是值得全人类共同深思的话题之一。教育特别是高等教育是面向未来的事业，研判未来教育的发展趋势，对于今日的教育及日后的教育发展都有着极为重要的意义。根据国家发展的总体安排和部署，考虑到社会的变化、世界教育的发展趋势和教育自身演变的规律，可以预判未来中国教育将有多项重要发展趋势。

一、信息技术在教育教学中应用更加广泛

当今社会处于快速变化的时代浪潮之中，“互联网 +” 时代的到来让人类社会发展得更加快速，以云计算和人工智能为标志的第四次产业革命在全世界众多领域产生了深远的影响，整个社会越来越智能化、自动化、数字化。教育领域内的影响亦是如此，第四次产业革命对教育教学产生的影响日渐凸显，以互联网、云计算、大数据、物联网、人工智能等为代表的信息技术与教学结合更为密切，在教学中的应用更是愈加广泛而深入，课堂教学与学校教学管理日趋智能化、自动化和数字化。智能教学系统（ITS）智能决策支持系统智能计算机辅助教学（CAI）系统迅速发展为老师的课堂教学信息化提供平台依托，物联网已经在课堂教学、课外学习和教育管理三个方面给教育提

供了更多的技术保障。慕课（MOOC）、混合式学习、翻转课堂等在线课堂在教学当中普遍应用极大地提高了教育效率，也取得了更好的教学效果。随着信息技术的日益进步，可以预见信息技术在我国教育领域必将得到更广泛的应用，以大量数据为基础的人工智能化教育为未来大学生提供了更多发展空间，虚拟学习助手和专家系统依赖人工智能技术后台大量数据及优秀算法实现引导学生深度学习的目的。北京师范大学未来教育高精尖创新中心于2018年发布的《人工智能＋教育》蓝皮书指出，基于对教育领域需求的分析，智能化的基础设施、学习过程的智能化支持、智能化的评价手段、智能化的教师辅助手段和智能化的教育管理五个方面在未来教育中大有作为，帮助高等教育构建了当前人工智能技术在教育领域的基本应用框架，为高等教育的智能化发展提供了技术和平台保障。

二、教育培养目标转向能力培养为主

“互联网 +”时代的到来，人工智能技术的飞速发展促使人类生产方式不断变革，同时也促进人类思维方式发生重大变化，未来社会的生产方式将会产生更重大的变革，这也意味着社会对人才需求的变化，进而决定了未来教育对人的培养方式。在新的时代背景下，教育理念、目标、形式和内容都发生巨大的变化，为了实现培养符合未来社会需求的人才，教育一定要做出相应的调整甚至是革命。当今教育所面临的重要课题就是如何顺应未来社会需求培养人才，以面对新生的职业和新的岗位。对于高等教育而言，面对未来职业的改变，教育领域应该及时调整人才培养目标。传统的高等教育以知识传授和理解为主，但在知识记忆和简单理解方面，人工智能在很多方面已经超越了人类，所以整个教育体系的目标必须全面地加以调整，培养学生的综合素质则是未来教育的首要任务，从老师的角度来讲，教育应该由知识记忆为主转向能力培养为主，更加注重培养人的批判性思考能力、创造能力、创新精神和创业精神，更加注重培养人机合作的能力；从学生的角度来讲，则必须改变以往单向学习的学习方式，通过多方面锻炼和素质拓展，培养自主学习、自立能力，主动发现问题、积极解决问题的能力。可以预见，中国未来的教育，人才培养目标必将加以调整，教育教学方式也必将发生翻天覆地的变化。

三、混合式学习更加普遍

数字时代正在改变着整个世界的学习方式，混合式学习已经成为教育创新的热词，它整合了传统的课堂学习和“互联网 +”时代的在线学习，TED、慕课、翻转课堂、微课堂等新的学习方式正在逐步走进课堂，融入学生的学习生活，在网络平台的课堂中，学生可以选择最好的老师，可以走进全世界最好的大学，可以聆听全世界最好的课堂，充分实现了教育公平。混合式学习不单是面对面式的学习和在线学习两种学习模式有机结合，更是混合多种教学设备、多种教学方法、多种学习策略与评价方法、同步学习与异步学习、多种课程和学习资源等，既要发挥老师引导、启发、监控教学过程的主体作用，又要充分体现学生作为学习主体的主动性、积极性与创造性。它汲取了面对面学习和在线学习的优势，比单纯的面对面学习或者在线学习更有效，借助互联网技术使学习突破了时空的限制，学生可以根据自己的情况选择实时与非实时、同步与异步授课，同时可以促进学生在线讨论学习、协作学习、基于合作的小组学习、围绕网络开展自主学习、正式与非正式学习。混合式学习在计划制订、选择学习方法设计、评价学习效果和跟踪学习记录等方面都有突出优势，可以达到降低成本、优化学习效果的作用。在许多发达国家的教育中，混合式学习已经得到广泛应用，是未来教育的重要形态和发展趋势。我国高校互联网普及率已经达到了非常高的比例，为高校师生推动混合式学习的发展奠定了足够的物质条件，近年来，中国大学 MOOCTED 中国教育在线开放资源平台、粉笔网、万门大学、爱课程等网络平台汇集了全世界优秀的课堂资源，被越来越多的高校引入课堂教学，极大地促进了混合式教学的开展，有效地提高了我国学校的课堂教学效果。混合式学习将成为我国教育改革发展的大趋势之一。

四、学生的培养将更加个性化

个性化培养是指学校根据每个学生特点而采取有针对性的人才培养模式，是与工业时代学校统一化、标准化和规模化的学生培养模式相对应的一种培养方式。面对席卷而来的人工智能浪潮，“互联网 +”时代的教育者认为，人工智能对教育的影响由革新逐渐走向革命，然而它并不能取代学校教育。人工智能不是信息化的延续，它有助于拓展人类的思维，也必将重塑未来教育的样态。对未来社会的大学生而言，未来的学习在哪儿学、跟谁学、怎么学，大学校园原有的学习概念和结构可能都会被完全颠覆。大学的教育如何调整以培养适应新时代要求的人才，未来社会对人才的各个方面都提出了新的需求，未来社会对大学生的学习目标、学习内容、能力层级甚至心智模式都有完全不同的标准，这也就意味着未来的高等教育要着重学生的高阶认知能力和高阶思维能力的培养，老师更要注重教原理、教方法，让学生有大观点，能统筹看问题。在实际的课堂教学中，老师要从概念性知识、方法性知识和价值性知识入手，既要培养学生的信息加工、综合分析、逻辑等高阶思维，还要增强和突出学生计算思维、设计思维和交互思维能力。同时我们更可以看到人工智能对教育有改良和促进作用，帮助老师从繁重的机械重复工作中解放出来，去做更有价值的工作；帮助学生把个性化学习变成可能，为学生个性化学习提供技术上的和经济上的保障。助学平台通过大数据分析学生的学习倾向、学习动机、学习风格和学习爱好等，实现辅助学习精准化，推送学习资源个性化，完成学习目标自助化，还可以根据每个学生的智力程度和思维习惯以及学习方式进行教学，实现真正的个性化学习和因材施教，顺应人才成长的规律，呈现自古以来的教育理想境界。可以预测，在未来我国学生量体裁衣式的个性化培养将越来越普遍，这必将成为我国教育未来发展的大趋势之一。

五、学习更以学生为中心

在传统教学模式中，“以教师为中心、以教材为中心、以课堂为中心”的

“三中心论”教学思想处于主导地位。老师是教学活动的组织者、指导者和控制者，整个教学活动以老师为中心，更注重从老师的角度来研究教学，关心的是如何设计教学，如何导入、过渡以及总结等以老师为本的过程，忽视了作为受教育者的学生，学生在课堂学习中只能处于被动地位，被动地接受教学安排和知识内容，学生作为个体的特征和差异并没有被充分关注到。而随着信息技术与教学应用的结合，学生的学习模式发生巨变，正在越来越以学生为中心。未来社会的发展需要掌握高阶知识和能力的人、需要具备终身学习能力的人，这需要学校培养学生积极学习的能力和自主学习的愿望。老师作为学生学习的引导者和支持者，在整个教学过程中为学生提供必要的辅助，为学生构建一个积极主动学习的环境，通过案例、项目、研究、实习、团队合作，甚至是社会调研等活动开展研究性学习、协作式学习，这种情况下课堂只是学习的一部分，是有老师引导的学习，大量的学习可能发生在课堂之外，而互联网的飞跃式发展更为这种学习提供了可能。互联网的教育资源已经极大丰富，未来还将更丰富，使得学生获得知识及能力、素养的提升途径无疑会更多元化，这为学生主动学习提供了必要的条件。未来人工智能技术能为学生的主动学习提供了更大的可能。社会发展、信息技术在教育领域的广泛应用和学校教学模式的转变都要求学习更以学生为中心，要求学生更加积极主动地学习，这必将成为未来中国教育发展的大趋势之一。

六、老师的角色和作用将发生变化

一直以来，中国都有尊师重道的传统，在大学的课堂上老师更多的是启发思维、启迪智慧，但随着信息社会的进一步发展，大学老师的角色和作用正在发生着重大变化。随着信息技术特别是人工智能的广泛应用，混合式学习日渐普及，学习更加以学生为中心，学生个性化学习的需求越来越明显，而“互联网 +”时代则有众多的学习平台和丰富的学习资源让学生获取知识和信息，学生可以根据自己的情况在网络上寻找需要的学习资源，未来的学习也是随时随地都可以发生的，大学老师不再是知识的唯一传播者，同时也可能是学习的辅助者和共同学习者，还可能是学习的引导者和规划者。老师角色的分工会更加细化，发挥的作用也截然不同。一部分善于讲授的老师，讲课能力强、授课水平高、熟练驾驭语言、风趣幽默，学生对他所讲授的内容感兴趣，这部分老师仍然担当授课教师的角色，当然，除了与学生面对面授课，还将讲课视频通过网络广泛传播，满足学生个性化学习的需要。未来社会学习的主流方式将是个性化学习，一部分老师愿意承担在线辅导的工作，这部分老师专业知识过硬、有耐心、讲方法，成为学生在线学习的辅助者，可以为在线学习提供实时帮助，让学生的课外学习顺利而有效地进行；一部分老师将不再直接传授知识，变成学生学习的规划者和引导者，这部分老师更了解大学生的学习需要，针对不同学生的不同学习需求制订不同的学习规划，并且对学生的学习进行有效引导，为学生制定个性化学习方案。教师角色和作用发生的变化已经在教育领域得到体现，在可以预见的未来，我国大部分教师的角色和作用将不可避免地分化和迁移。

七、终身学习将成为人们的生活方式

终身学习是一种学习理念，是指人类为适应社会的不断进步和实现个体顺利发展持续学习的过程，它将贯穿人的一生。随着人类社会迈入知识型社会，知识信息更新频率越来越快，社会对人们知识和能力的要求日益提高，在“互联网 +”的环境下社会发展要求人们不断学习，不断更新知识，不断发展自身的能力，以满足未来社会不同职业、岗位的要求和科技进步的需要，因此在学校完成的学习内容已经无法适应社会飞速发展的需要，这就要求人们必须进行终身学习。教育的终身化意味着时时学习、普遍学习、多样化学习，信息技术、大数据技术、人工智能快速发展也为人们终身学习提供了资源、保障和现实条件。信息技术与终身学习深度融合呈现出双向互动新趋势，也在推动继续教育、终身学习转型升级，未来社会将为人们构建终身学习的“生态圈”，更好更快地提高教育质量，促进教学公平。未来社会也将打造基于“互联网 +”环境的终身学习的社会氛围，不断强化持续性学习和个性学习的理念，并凝练积极学习、主动参与的终身学习文化，更需要采取建构智慧型学习家庭等多种方法来促进学习方式的创新，也更关注远程教育在消除知识鸿沟、为每个人提供终身学习机遇等方面的巨大潜力与价值，以逐步达成国际通行的终身学习标准与愿景。终身学习也要求当今学校教育要顺应时代发展，尽快转变教育的方式方法，深度利用网络技术跨越式发展的优势。学校的人才培养目标不仅仅是单纯的知识传授，更是要培养学生的终身学习能力和主动学习的意识，学习将伴随学生的一生，终身学习将成为学生的日常生活必不可少的重要部分。

当下的教育如何与未来社会接轨，如何实现可持续发展？教育将是社会未来发展的重要保障，在 2015 年 9 月“联合国可持续发展峰会”上通过了《改变我们的世界——2030 年可持续发展议程》，该文件将包容、公平的优质教育，增进全民终身学习机会的教育目标列为可持续发展目标，同时指出未来教育更是实现其他可持续发展目标的重要基础。未来社会实现可持续发展目标人类需具备的基本能力包括：系统思维能力、预期能力、规范性能力、战略能力、协作能力、批判性思维能力、自我意识能力、综合解决问题能力等等多方面的能力。在科学技术飞速发展的大环境下，人工智能技术是具有包容性和开放性的平台，为可持续发展的教育及教育的可持续发展提供了新的动力和环境。

参考文献

[1] 曹勇 . 当代大学生社会实践的理论探索与实践创新 [M]. 重庆：重庆大学出版社，2015.

[2] 唐旭光 . 深入实施“四个育人”，彰显本科人才培养特色 [M]. 昆明：云南大学出版社，2020.

[3] 陈菲菲 . 把握课程内涵，探索课堂变革 [M]. 昆明：云南大学出版社，2021.

[4] 王永和 . 民族院校马克思主义理论教育创新研究 [M]. 银川：宁夏阳光出版社，2014.

[5] 欧海锋 . 建筑设计未来院所长创新创业教育研究 [M]. 南京：南京东南大学出版社，2021.

[6] 赵雪梅，楚龙强，左征军 . 新形势下研究生思想政治工作理论与实践 [M]. 武汉：武汉大学出版社，2018.

[7] 万生新，姬建锋 . 大学生创新创业教育 [M]. 西安：陕西人民出版社，2019.

[8] 潘新民 . 数字化时代学生学习方式转型研究 [M]. 重庆：重庆大学出版社，2019.

[9] 黄瑞宇 . 新时代高校学生工作的创新研究与实践探索 [M]. 北京：中国政法大学出版社，2020.

[10] 钱小龙 . 大学文化视野下美国研究型大学开放教育资源发展研究 [M]. 南京：南京大学出版社，2015.

[11] 戴铠 . “互联网 +”背景下高校创新创业教育人才培养探究——评《大学生创新创业教育》[J]. 中国教育学刊，2022（5）：126.

[12] 潘奕 . 互联网 + 校企联合人才培养模式对大学生创业就业指导的促进作用——评《大学生创新创业教育与就业指导》[J]. 新闻爱好者，2020（4）：117.
[13] 李刚，姚玉新 .“互联网 +”背景下的大学生创新创业教育人才培养模式探索 [J]. 产业与科技论坛，2018，17（23）：147–148.
[14] 白林驰 . 互联网时代农村籍大学生乡村实践工作探索——评《乡村振兴与高校人才培养模式创新》[J]. 中国农业气象，2021，42（12）：1068.
[15] 吴杰，龙思羽 .“互联网 +”时代下大学生创新创业能力的培养——以食品相关专业学生为例 [J]. 特产研究，2023，45（04）：188–190.
[16] 马坤，郑晓齐 . 与时俱进：“互联网 +”时代高校电子信息专业人才培养研究 [J]. 教育教学论坛，2018（15）：190–194.
[17] 许达潭 . 海南大学信息学科大学生创新创业教育现状探析——基于“互联网 +”创新创业背景下的信息人才培养 [J]. 青年与社会，2019（20）：138–139.
[18] 逄锦慧，李露，张芹芹，等 . 互联网时代大学生创新创业人才培养模式研究 [J]. 科技风，2019（22）：248.
[19] 李范成，张晓光 . 互联网时代大学生创新创业人才培养模式研究 [J]. 经济师，2018（2）：216–217.
[20] 王琳琳 . 大学生创新创业教育的反思与模式构建 [J]. 经济师，2018（2）：40–41.
[21] 赵洁 .“互联网 +”时代大学生思想政治教育创新研究 [D]. 乌鲁木齐，新疆师范大学，2017.
[22] 刘宇 .“互联网 +”背景下大学生网络思想政治教育方法创新研究 [D]. 武汉：湖北工业大学，2019.
[23] 樊敏 . 思想政治教育在大学生创新型人才培养中的功能研究 [D]. 武汉：华中师范大学，2013.
[24] 张莎莎 . 湖北省“一村一名大学生计划”函授教育人才培养模式创新研

究 [D]. 武汉：华中农业大学，2012.
[25] 盛蕾 . 创新人才培养视野下的大学生思想政治教育研究 [D]. 南京：南京师范大学，2013.
[26] 范叶静 . 适应创新人才培养的大学生文化素质教育改革研究 [D]. 镇江：江苏大学，2010.
[27] 赵莉 . 研究型大学本科人才培养质量提升研究 [D]. 北京：中国矿业大学（北京），2017.
[28] 李艳燕 . 大学生创新创业教育的方法与路径研究 [D]. 温州：温州大学，2016.
[29] 陈昊 . 在线教育背景下大学生创新创业教育有效性研究 [D]. 重庆：重庆交通大学，2014.
[30] 程宝华 . 应用型本科院校大学生创新创业教育研究 [D]. 济南：山东师范大学，2015.